‖ 인문교양총서 7

토마스 아퀴나스에게 듣는 인간학의 지혜

●

이 명 곤

토마스 아퀴나스에게 듣는 인간학의 지혜

저자 **이명곤**__ 경북대학교 동서사상연구소 전임연구원

저자는 중세철학, 토마스 아퀴나스의 전공자로 토미즘의 인간학과 도덕철학 그리고 토미즘의 영성에 많은 관심을 가지고 있다. 현대인에게 진정한 행복과 인간다운 삶을 위해서 중세철학이 어떤 빛을 줄 수 있는가 하는 물음을 가지고 중세철학의 현대적 적용에 관심이 많으며, 이를 위해 토미즘과 프랑스 근·현대철학자들의 사상을 비교하는 연구도 지속적으로 하고 있다. 특히 현대인의 정신을 피폐하게 하는 근본원인들과 이를 해결하기 위한 인문학적 노력이 무엇인지를 탐구하는데 많은 관심을 가지고 있다. 부전공으로 조형미술을 전공한 저자는 예술철학에도 관심이 많으며, 미술대전 한국화분야에서 다수 입상한 적이 있다. 발표 논문으로는 「중세철학에서 '내면성'의 의미」, 「토미즘에 있어서 선과 가치 그리고 존재에 대한 지성의 동의」, 「행복의 개별적·사회적 조건에 관한 哲學史적 고찰」 외 20여 편이 있으며, 이외 번역서 5권과 저서 2권 및 공저 3권이 있다.

경북대 인문교양총서 ❼

토마스 아퀴나스에게 듣는 인간학의 지혜

초판 인쇄 2011년 11월 22일
초판 발행 2011년 11월 30일

지은이 이명곤
기 획 경북대학교 인문대학
펴낸이 이대현
편 집 박선주 권분옥 이소희
디자인 이홍주
마케팅 박태훈 안현진

펴낸곳 도서출판 역락
주 소 서울시 서초구 반포4동 577-25 문창빌딩 2층
전 화 02-3409-2060(편집), 2058(마케팅)
팩 스 02-3409-2059
등 록 1999년 4월 19일 제303-2002-000014호
전자우편 youkrack@hanmail.net

값 10,000원
ISBN 978-89-5556-923-0 04100
      978-89-5556-896-7 세트

토마스 아퀴나스에게 듣는
인간학의 지혜

이명곤 지음

역락

1. 저술의 목적과 의의

본 저술은 현대 그리스도교문명의 초석이 되고 있는 중세 철학자 '토마스 아퀴나스'의 <인간학>에 관한 것이다. 서구 문화를 이해하는데 있어서 그리고 현대 문명을 이해하는 데에 있어서 그리스도교 문화를 이해한다는 것은 필요불가결한 것임을 누구나 인정하고 있다. 하지만 한국사회의 문화적 현상에 있어서는 그리스도교 특유의 배타적 특성과 일반인들의 선입견으로 인하여 일반대중에게 (기독교인이든 아니든) 기독교적 사상이나 문화가 올바로 이해되고 있지 않고 있는 실정이다. 한편 기독교적 철학을 대표하는 중세철학이 고대와 근·현대를 합해놓은 긴 역사와 근·현대 사상의 지반이 되는 무수한 학문적인 업적들을 가지고 있음에도 불구하고 중세후기의 정치적 상황으로 인해 발생한 '중세 암흑기'라는 선입견은 일반대중으로부터 중세의 문화적 학문적 업적들을 등한시하게 하는 안타까운 결과를 초래하였다. 사실상 '중세의 암흑기'라는 말은 전혀 근거가 없는 것은 아니겠지만, 이는 일종의 한 두 가지 현상을 보고 전체를 특징짓는 '일반화의 오류'라고 할 수 있다. 중세기는 '비례·균형·조화'라는 그리스예술의 원리를 완성시킨 섬세하고 웅장한 건축물들을 보여주고 있으며, 스테인드글라스, 성회(이론), 모자이크 등을 예술상르를 창조하였고, 화폭에 그림을 그리는 정식적인 '미술분야'가 탄생하였으며 나아가 인류최초의 음계를 사용한 그레고안 성가의 악보가 발명되었다. 무엇보다 현대사회의 대학문화의 기원 역시도 중세시기이다. 13세기 파리를 중심으로 설립된 '파리대학', '옥스포드대학', '보로냐 대학'에서는 교양과목에 해당하는 문법, 수사학, 변증법(이론학), 수학, 기하학, 음악, 천문학 등을 가르쳤고, 좀 더 고등학문으로서는 신학, 철학, 의학, 법학, 사학 등을 가르쳤다. 즉 오늘날의 '대학'의 모습이 갖추어진 것은 이미 중세의 대학(스콜라)라고 할 수 있다. 물론 중세기에서 특히 중세말기에 정치적인 혼란과 어두움을 아무도 부정할 수 없겠지만, 이러한 정치적 단면을 중세문화 전체에 대한 판단으로 적용할 수는 결코 없을 것이다. 특히 그리스도교를 정신문화의 근간으로 삼은 중세문화에서 '인간관' 혹은 '인간학적 이해'는 그 어느 시대보다 깊고 심오하며 올바른 인생을 위한 수많은 빛을 제공하고 있지만, 오늘날의 현대인들에게는 근·현대철학의 오해와 후광에 가려 그 올바른 면모가 드러날 기회를 가지지 못하고 있다.

이러한 상황을 염두에 두고 본 저서는 중세철학의 대표 철학자 중 한 사람인 '토마스 아퀴나스'의 인간에 대한 이해를 현대인의 삶에 실천적으로 도움이 될 수 있는 방식으로, 즉 '인간의 근본문제'와 '현대사회가 안고 있는 다양한 인간문제'에 빛을 제공할 수 있는 지혜라는 차원에서 제시하고 있다. 따라서 본 '저술 작업'은 한편으로는 부정할 수 없이 하나의 문화적 요소로 현대 한국사회를 구성하고 있는 그리스도교문화에 대한 올바른 이해와 타 문화와의 조화로운 공존을 위해 도움을 줄 것이며, 다른 한편으로는 중세가 가지고 있는 인간이해에 대한 탁월한 지혜들을 현대인의 감수성과 논리에 적합한 형태로 제시하여 보다 올바른 사회, 보다 인간다운 사회를 구성하는데 도움을 줄 실천적 지혜들을 제공한다는 데에 그 의의가 있다. 본 저서는 '인문학의 위기', '윤리도덕의 추락', '생명경시 현상', '인권의 후퇴', '건전한 전인교육의 부재' 등의 사회적 문제에 대해 염려하고 고민하고 있는 모든 이들에게 작지만 유용한 하나의 빛을 제공할 것으로 기대된다.

2. 「저술」의 핵심 내용

목차에서 볼 수 있듯이 본 저서의 내용은 총 8개의 장으로 구성되며, 각 장 마다 다양한 현대사회의 문제들을 '화두처럼' 등장시켜서 그 원인과 해결책을 모색하는 형식으로 구성되며, 이와 같은 실천적인 성격을 통해 한국사회의 문제점들에 고민하는 많은 이들의 관심에 응답하는 내용으로 되어 있다. 그리고 대학초년생 정도의 지적 수준에 맞게 대화체형식 및 현실에서의 다양한 일화 등을 삽화로 제공하고 있다.

제1장에서는 토마스 아퀴나스의 인간관을 보다 잘 이해하

기 위해 필요한 배경 지식을 제공하고 있다. 플라톤 사상의 관념론적 경향성과 아리스토텔레스 사상의 실재론적 경향성을 종합하여 보다 포괄적이고 합리적으로 제시해주고 있는 토마스 아퀴나스의 변증법적 정신과 종합적 정신에 대해 설명한다.

제2장부터는 토마스 아퀴나스의 인간관에 대해서 일종의 현상학적 방식으로 고찰하고 있는데, 주제들의 구성은 일반적으로 내가 자주 질문을 받거나 현실 안에서 자주 당면하는 문제들에 대해서 나름 답변을 제시하는 방식으로 구성되었다. 제2장에서는 '인간은 이성적 존재'라는 전통적인 인간에 대한 정의를 '무엇이건 알고자하는 인간의 속성'과 '행위에 명분을 구하고자 하는 인간현상'을 통해서 설명하고 있다. 제3장에서는 결코 만족할 줄 모르는 인간의 욕망이 어디서 기인하는 것인지 이러한 것이 인간적인 삶에 무엇을 의미하는 것인가 하는 것을 '이상적인 것'을 추구하는 인간이란 의미로 이해하며, 제4장에서는 이러한 이상적인 것을 추구하는 근본 원인을 '인

간은 근원적인 것과 궁극적인 것에 대한 갈망을 가지고 있는 형이상적 존재'라는 것으로 해명하면서 '영혼', '본질', '실체', '죽음', '영원한 것' 등에 대한 인간정신과의 관계성에 대해 이해하고자 한다. 제5장에서는 '이성적인 것'과 구별되는 '지성적인 것'에 대한 이해를 자신의 내면에 자기세계(세계관)를 형성하는 인간현상으로부터 이해하고자 하며, 이를 통해 '자아의 추구'가 무엇을 의미하는 것인지 이해한다. 제6장에서는 '모든 것이 되어 지고자 하는 인간의 영혼'이라는 아리스토텔레스의 인간영혼에 대한 정의를 모든 인간행위에 있어서 행위를 유발하는 '동인(원동력)'으로 이해되는 토마스 아퀴나스의 '사랑의 개념'으로부터 이해하고자 한다. 제7장에는 현대철학에서 가장 중요하게 부각되고 있는 주제 중 하나인 '자유'의 문제를 다양한 의미에서의 자유개념을 규정하면서 토미즘의 자유의 의미를 해명하고 있다. 제8장에서는 선과 악, 정의와 비－정의, 옳음과 그름 사이에서 '이것이냐 저것이냐'를 고민하는 인간의 행위양식을 '갈등하는 인간, 구원을 갈망하는 인간'이라는 주제로 이해하고자 한다.

이상의 내용들은 '토미즘(토마스의 철학에 기초한 사상)'이라는 보다 보편적인 사유의 지평에서 제시될 것인데, 그 이유는 오늘날 경제적 기술적 발전과 성공에도 불구하고 인문학의 위기나 윤리 도덕적 추락으로 인해 지극히 저조한 행복지수를 보이고 있는 한국사회에 보다 올바른 인간에 대한 이해와 인간적인 삶에 대한 이해를 통해서 이러한 문제들을 해결하는데 도움을 줄 수 있는 철학적 지혜를 제공하고자 한 때문이다.

2011년 11월
이 명 곤

차례

성인(聖人)이 된 철학자

1. 진리추구를 업으로, 평생을 구도자로

모든 성인들이 독특한 삶을 살았듯이 토마스 아퀴나스 역시 독특한 삶을 산 사람이다. 1225년 프랑스 국경 근처의 이태리 도시 '호카세카'의 성주인 '아키노 백작'의 셋째 아들로 태어난 토마스는 5살(1230)이란 어린 나이에 자신의 집을 떠나 14세 때 까지 몬테 카시노의 수도원에서 어린 시절과 청소년 시절을 보낸다. 당시는 전문적인 교육기관이 없어 귀족들은 가정교사를 통해 자녀들을 교육하거나 아니면 수도원에 의탁하여 교육을 부탁하였는데, 일정한 부를 기부하고 교육을 위해 수도원에 의탁된 이러한 자녀들을 '오블라'라고 하였다.

일반적으로 수도원들은 오블라들을 위한 특별한 기숙생활을 갖추고 있지 않았으며, 어린 오블라들은 수도자들과 동일한 일과를 보내며 필요한 학문들을 익혔던 것이다. 무려 10년이란 세월을 어린 수도승으로 자란 토마스는 다행스럽게도 수도자들의 삶을 무척 좋아하였고 누구보다도 사유하고 명상과 기도생활에 잘 적응하였다고 한다. 길로름 드 토코(Guillaume de Tocco)는 당시 수도원에서의 그의 삶을 "신성한 영감에 이끌려 수도자의 삶을 살았고, 하나의 놀라운 방식으로 그가 알지 못하는 진리를 알고자 추구하였다"라고 요약하고 있다. 토마스 아퀴나스는 단지 교육을 위해서 수도원에 머물렀던 것이 아니라, 어린 수도자로서의 삶을 이미 시작하였던 것이다.

하지만 이러한 토마스의 삶은 14세 되던 해에 끝이 난다. 당시의 정치적인 사정에 의해서 정교(政敎)분리가 이루어지고, 국가와 교회는 각기 자신들의 학교를 세우고 자신들의 교육 원칙에 따라 학생들을 교육하게 된 것이다. 맏아들이 왕의 측근으로 복무하고, 자신 역시 국가의 녹을 먹고 있는 성주인 토마스의 아버지는 당연히 자신의 막내아들을 국왕이 세운 왕립학교로 적을 옮길 수밖에 없었던 것이다. 하지만 '프레드릭 2세'가 세운 '나폴리 대학'에서 토마스는 이때까지 만난 적이 없었던 새로운 수도자들을 만나게 되었는데, 그들은 막 성장하고 있는 새로 설립된 「도미니크회」의 수도자들이었다. 도미니크회는 당시 「프란치스코회」와 함께 가톨릭의 두 신생 수도회로서 기존의 전통적이고 권위적인 수도원들과 달리 참신하고 젊은 진보적 사고를 가진 수도원들이었다. 아직 젊은 토마스는 당연히 이 젊고 신선한 도미니크 회원들의 정신에 매료되었고, 자신도 도미니크회의 수도자가 되기로 결심하게 된다.

하지만 자신의 막내아들이 장차 권위를 갖춘 그럴듯한 수도원의 수도원장이 되기를 바란 토마스의 아버지는 토마스가 교회의 눈총을 받고 있는 신생 수도원회에 입회한다는 사실을 환영할 수가 없었다. 그는 자신의 맏아들을 시켜「도미니크회」에 입회하기 위해 파리로 여행 중인 토마스를 납치하게 하고, 자신의 성에 가택연금을 하여 약 2년 동안 모든 사회활동을 금하게 한다. 토마스는 2년 동안 자신의 집에서 머물면서 자신의 생각을 전혀 바꾸지 않았다. 오히려 꾸준히 자신의 어머니와 누이들을 설득을 하였는데, 이 와중에서 그의 누이가 토마스의 말에 감화를 받고 가르멜 수녀회에 입회하고 말았다. 결국 그의 아버지는 누구도 토마스의 의지를 꺾을 수 없다고 판단하고 아들의 도미니크회 입회를 허락하지 않을 수가 없었던 것이다.

중세 중기, 거의 동시에 생긴 가톨릭 수도회들이다. 프란치스코회는 청빈과 가난 그리고 이웃에 대한 봉사의 사명을 받은 프란치스코 성인에 의해 창설되었고, 도미니크회는 당시 유럽의 비참한 평민들의 삶은 '교육'을 통해서만 참된 인간다운 삶, 참된 신앙의 삶을 영위할 수 있다고 생각하며 이를 자신의 사명으로 여긴 도미니크 성인에 의해서 창설되었다. 이 두 수도회는 당시로서는 교회의 권위에 도전하는 진보적인 세력으로 비춰져 많은 견제와 어려움을 당하기도 하였으나, 점차 이들을 지지하는 많은 사람들에 의해 가톨릭교회의 중심 되는 수도원들로 성장해 갔다. 전기에 따르면 토마스가 몽카셍의 수도원에서 오블라로 있을 때, 이미 살아있는 '성인 프란치스코'라는 소문이 몽카셍의 수도원에까지 들려왔었다고 한다.

이로서 토마스는 파리의 도미니크 회원이 되었으며, 여기서 그의 스승 '알베르트'를 만나게 된 것이다. 이후 토마스 아퀴나스는 평생을 평수사로서 진리를 추구하는 학자로서의 삶에만 전염하게 된다. 1252년 23세의 어린 나이에 강의를 시작하였고, 1257년 27세에 스승을 의미하는 '메트르(Maître)'라는 칭호를 받게 되고 파리대학의 신학교수가 되었다. 그는 오직 진리만이 자신의 권위라고 생각하였고, 평생을 진리를 추구하는 일에만 전염하기로 결심하였는데, 이러한 결심은 평생 동안 단 한 번도 행정적인 일에는 관심을 기울이지 않고 오직 평수사로서 학문에만 전염하게 하였다. 그의 놀라운 학문적인 업적들은 이러한 그의 소명의 삶 때문에 가능하였을 것이다.

대다수가 성직자였던 다른 중세철학자들과 달리 평생을 평범한 학자로서의 삶을 살다간 토마스 아퀴나스로서는 세간의 주목을 끌만한 놀라운 일화나 기적 같은 일화는 거의 없다고 볼 수 있다. 하지만 전기들에서 우리는 몇 가지 재미있는 일화들을 발견할 수 있다. 그 첫 번째가 그의 별명에 얽힌 일화이다. 그는 학생 때 '벙어리 황소'라는 별명을 가졌었는데, 거의 말이 없었기 때문이었다. 그리고 후일 왜 늘 침묵만 지키고 있느냐는 동료의 물음에 '사실은 수업 중의 모든 질문들을 다 알고 있었기에 질문할 것이 별로 없었고, 또 내가 대답을 하게 되면 친구들이 자꾸만 질문을 하게 되어 나의 생각을 방해 할 것 같아서…'라고 대답했다고 한다. 이러한 토마스의 대답이 사실인 것을 입증하듯 그의 스승 '알베르트'는 그의 별명을 부르는 학생들에게 이렇게 말했다고 한다 : "너희들은 그를 벙어리 황소라고 부르지만, 후일 이 황소는 전 우주가 요동칠 만큼 매우 크게 고함칠 것이다." 그리고 다른 일화는 그가 교수가 되었을 때이다. 약간의 감상적인 이야기 같지만, 토마스는 강의를 마치고 자신의 연구실에 돌아와 자주 눈물을 흘리곤 하였는데, 그의 비서가 무슨 일인지 물으면, '진리를 가르치는 학자들이 세속적인 명예나 권력 때문에 진리를

● 토마스 아퀴나스 (1224~1274)
토마스 아퀴나스의 초상화만큼 다양한 초상화가 존재하는 성인은 없을 것이다. 파리 시내 성당들에 만도 세 가지의 다른 모습을 한 아퀴나스의 초상화가 있다. 위 초상화는 보티첼리가 그린 초상화로 가장 널리 알려진 초상화이다.

져버리고 있다는 사실이 너무 가슴이 아프다'고 했다고 한다.

이외 토마스의 일화에는 왕의 초대에 얽힌 이야기가 있다. 토마스의 명성이 파리 전역에 알려지자 프랑스의 성인 왕으로 알려진 루이 왕이 그를 식사에 초대한 것이다. 왕을 모신 자리에서 대신들과 식사를 하고 있었는데, 식사를 하면서도 토마스는 골똘히 무엇인가를 생각하고 있었다. 모두가 조용히 식사를 하고 있는데 갑자기 토마스 아퀴나스가 탁자를 '탁'치면서 "아 그렇구나, 그것은 마니교도들에 의해서 형성된 것이야!"라고 소리쳤다고 한다. 모두가 깜짝 놀라면서 토마스를 바라보았고, 옆에 있던 대신이 토마스에게 여기는 왕의 어전이니 정신을 차리라고 옷깃을 잡아당겼고, 토마스는 정신을 차리고 왕에게 사과를 하였고 한다. 하지만 왕은 토마스의 그러한 모습에 오히려 감탄을 하고 신하를 시켜 필기도구들을 가져오게 한 다음 당시 토마스가 생각했던 것들을 글로 남겨 두라고 했다고 한다. 그리고 이보다는 좀 미스터리한 일화도 있는데, 토마스는 종종 한 밤중에 자신의 방에 누군가를 초대 하여 열심히 대화를 나누곤 하였다곤 한다. 그의 비서가 손님 을 접대하기 위해 노크를 하고 들어서면 손님은 간데없고 토 마스 혼자 침대에 앉아 있곤 하였다고 한다. 그리고는 비서에 게 자신의 머릿속에 너무나 많은 영감으로 차있어서 쓸 수가 없으니 말하는 것을 받아 적게 했다고 한다. 후일 그 비서는 당시이 손님이란 것이 분명 '천사였을 것'이라고 증언하였다 고 전기는 전하고 있다. 아마도 토마스 아퀴나스가 '천사박사' 라는 호칭을 가지게 된 것도 어쩌면 이러한 일화와 무관하지 않을 지도 모를 일이다.

이러한 놀라운 학자적 특성들에도 불구하고 토마스 역시 얽히고설킨 당시의 정치적인 사태들과 완전히 무관할 수는 없었다. 그는 말년에 '근본적인 아리스토텔레스주의'라는 이 름으로 파리교회와 영국의 옥스퍼드 교회로부터 '이교도의 사상'이라 단죄 받게 된다. 도미니크회 형제들은 이러한 부당 한 처사에 대해서 교황에게 중재를 청하자고 하였지만 토마 스 아퀴나스는 이러한 사태에 대해서 전혀 동요하지 않고 신 의 섭리에 맡겨놓자고 하였다. 결국 그는 누명을 벗지 못한 채 임종하고 말았다. 토마스 아퀴나스는 아리스토텔레스의 형이상학적 원리를 통해 가톨릭의 사상과 교의를 보다 학문적이고 보편적인 것으로 재정립하였으나, 오히려 이 때문에 '이교도의 사상'이라 단죄 받았고 평생의 업적에도 불구하고 '죄인'이라는 누명을 쓰고 쓸쓸히 죽어갔던 것이다. 그러나 대다수의 천재들이 그러하였듯이 그들의 천재성은 영원히 숨겨져 있지는 않았으며, 역사는 후일 이 천재성을 결국 빛 아래 드러낸 것이다. 이 단죄사건은 오히려 그를 사후 50년이라는 짧은 기간에 가톨릭의 성인으로 들어 올렸다. 그의 억울한 오명은 후일 로마의 교황청까지 알려지고, 교황은 그의 업적들을 엄중하게 조사하게 하였고, 이 조사와 더불어 1323년에 '성인의 반열'에 오르게 된 것이다.

그의 이러한 일화들은 토마스 아퀴나스라는 중세의 철학자가 어떠한 인물이었나를 가늠해 주는 일화들이라 하겠다. 특히 '진리가 무엇인가'를 추구하기 위해서 자신의 모든 시간과 열정, 전 생애를 바친 철학자이자 수도자로서의 면모를 잘 알려주고 있다 하겠다.

2. 철학을 탐구한 성인(聖人), 신학을 탐구한 철학자

✡ 이상한 질문 ✡

가람이 : 교수님, 사람들은 왜 중세철학을 '신학의 시

녀'라고 부르는 것이죠?

김교수 : 왜냐하면 중세철학자들은 철학을 신학을 형
성하기 위한 도구로 사용하였기 때문이지.

가람이 : '도구'로 사용하였다는 말은 무슨 의미죠? 신
학이 집이라면 철학은 '망치'나 '톱'과 같다는
것인가요?

김교수 : 재미있는 비유이긴 한데, 정확하지는 않는 것
같구나. 차라리 신학이 집이라면 철학은 기둥
이나 창문 그리고 벽돌 석가래 뭐 이런 것들
이라고 할 수 있지. 중세철학자들은 자신들의
신학적 세계관을 잘 설명하기 위해서 철학의
논리들, 개념들 그리고 명제들을 사용하였다
는 것이지. 즉 한마디로 중세철학은 중세의
신학을 위한 봉사자로 시중을 든 것과 비슷하
지. 그러니 철학은 신학의 시녀일 수밖에 …

가람이 : 아, 그렇구나! 그렇다면 해부학이나 골상학은
'의학의 시녀'가 되고, 수학은 '천문학의 시녀'
가 되고 또 국문법은 '국문학의 시녀'가 되고
또 한국사는 '세계사의 시녀'가 되고… 뭐 이
렇게 되는 거군요!

김교수 : 글쎄, 그렇긴 한데!!!!!!

중세 철학자들이 대부분 그러하듯 토마스 아퀴나스 역시
철학자이기도 하지만, 신학자이기도 하다. 철학자로서의 그와

신학자로서의 그는 사실상 구분되는 것이 아니며, 그의 철학은 그의 신학의 한 중심에 위치하고 있다. 흔히 철학사에서는 중세에서는 '철학은 신학의 시녀'였다고 기술하고 있지만 이러한 표현은—최소한 토마스에게 있어서는—사실상 적절한 표현은 아닐 것이다. 이는 마치 '수학은 과학의 시녀'라거나 '해부학이 의학의 시녀'라고 말하는 것 혹은 '언어학이 문학'의 시녀라고 말하는 것과 다를 바 없기 때문이다.

토마스 아퀴나스 사상의 특성을 한마디로 요약하자면 '한 성인(聖人)의 철학이며, 동시에 한 철학자의 신학(神學)'이라고 할 수 있을 것이다. 한 성인이 철학을 한다는 것이 필요한 것일까? 아니면 철학자가 신학(종교)에 대해서 관심을 갖는 것은 유익한 것일까? 그렇다! 우선 철학자는 진리를 추구하는 사람이니까, 진리와 관련된 모든 것을 자신의 탐구 대상으로 삼을 수 있어야 할 것이다. 따라서 당연히 종교나 神의 존재 역시 자신의 탐구 대상이 될 수 있어야 한다. 즉 철학자가 종교나 신의 문제에 대해 탐구한다는 것은 보다 참되게 철학자가 되기 위한 것이다. 마찬가지로 이미 도(道)를 깨친 성인(聖人)에게도 철학을 한다는 것은 유용한 것이다. 왜냐하면 성인이란 어떤 식으로든 세상 사람들을 빛에로 인도하는 사람으로 철학을 한다는 것은 세상에 빛을 가져다주기 위한 보다 분명하고 참된 길을 마련할 수 있는 방법이기 때문이다. 즉 철학자가 신학을 탐구한다는 것은 보다 완전한 진리를 추구하기 위한 것이며, 성인이 철학을 하는 이유는 보다 나은 실천적인 방법론을 마련하기 위한 것이다. 토마스 아퀴나스의 철학은 신학의 중심에서 마치 신학을 구성하고 있는 기둥들 혹은 신학적 진리를 이성적으로 추구하기 위한 방법론처럼 나타난다. 그의 사상에서 신학과 철학이 가지는 그 관계를 쉽게 이해하기 위해서는 실존주의자 가브리엘 마르셀의 '여정의 인간—Homo Viator'이란 개념을 도입하는 것이 유용할 것이다. 즉 토마스에게 있어서 철학이란 마침내 확고한 진리 즉 믿음의 진리에로 나아가기 위한 여정인 것이었다.

소크라테스나 플라톤과 같은 고대철인들에서와 마찬가지로 중세철인들에게 있어서 인생이란 어떤 목적을 위해 여행을 하는 것에 비할 수 있고, 여기서 목적은 이 지상의 삶에서 주어지는 것이 아니다. 즉 인간의 생물학적인 죽음은 '존재의 절대적인 마침'이 아닌 것이다. 그렇다면 철학은 이러한 목적을 무엇이라고 하는가? 철학은 이러한 목적이 무엇이라고 구체적으로 그리고 직접적으로 말해줄 수가 없다. 왜냐하면 철학이란 인간의 이성적이고 합리적인 논의들을 통해서 진리를 탐구하는 것인데, 이러한 인생의 궁극적인 목적은 이성적이고 합리적인 논의를 넘어서 있는 것이기 때문이다. 물론 아리스토텔레스는 '행복'이라고 하겠지만, 그러나 인간이 궁극적으로 획득하여야할 이 행복이란 것이 구체적으로 '무엇'을 말하는가 하는 '내용'에 대해서는 역시 말할 수 없기 때문이다. 바로 여기서 '종교'의 역할이 주어지는 것이다. 각각의 종교는 이러한 '궁극적인 목적' 즉 '구원'이 무엇인지를 자신들의 언어를 통해 구체적으로 말해주고 있는 것이다. 그러기에 이러한 종교적 진리는 어떤 의미에서 철학의 진리를 넘어서고 있는 것이다. 이러한 진리들은 불교와 같은 종교에서는 '깨달음을 통해 성불한 부처'에 의해서 주어질 것이며, 그리스도교와 같은 계시종교는 '신적인 존재'로 부터의 예언자의 입을 통해 직접 주어질 것이다. 즉 종교적인 진리는 본질적으로 이성적이고 합리적인 사유를 넘어서는 '초월적인 것'이며 그리기에 종교적인 신앙행위는 믿음이 없이는 불가능 한 것이다. 하지만 '신학'은 문자 그대로 일종의 학문이며, '학문적으로 다룬다는 것'은 단순히 믿음을 통해서가 아니라, 인간의 이성을 통해서 이루어져야 하는 것이다. 바로 여기서 철학의 역할이 등장하는 것이다. 즉 '신학'은 '목적지'를 알려주고 '철학'은 목적지로 나아가는 길을 마련하는 것이라고 할 수 있다. 물론 철학은 신학이 알려주는 이러한 목적지가 정당한 것인가? 혹은 참된 것인가?라고 질문할 수 있으며 검토해볼 수 있겠지만 그 최종적인 판단의 권리는 없는 것이다. 이는 자기 애인에 대한 사랑이 진정한 사랑인지 고민하는 한 고객에게 심리학자가 다양하게 그 사랑에 대해서 분석한 결과를 제시할 수는 있겠지만, 최종적으로 사랑이 거짓이라거나 환상이라고 판단할 권리가 없는 것과 같은 것이다.

그러기에 신학은 위에서 아래로 내려오는 방식을 취하며, 철학은 아래에서 위로 올라가는 방식을 취하는 것이다. 이러한 양방향의 노력이 서로 마주칠 수 있을 것인가 하는 문제에 있어서 토미즘의 견해는 인간이 올바로 사유하기만 한다면 그렇다고 답할 것이다. 믿음은 이해를 요청하기에 만일 철학이 없다면, 신학이 제시하는 믿음의 내용들은 항상 의심과 의혹을 야기할 것이며, 반면 신학이 제시하는 진리들이 전혀 없다면 철학은 자주 길을 잃고 헤맬 것이며, 더 많은 시행착오와 더 많은 불필요한 소모적 논쟁을 치러야만 할 것이다. 그러기에 '철하은 신학의 시녀'가 아니라, '철학은 신학의 내밀한 동반자'인 것이다. 토마스 아퀴나스의 사상에서 가장 특징적인 것이 바로 이러한 신학적 진리와 철학적 진리들의 상호적−주관적인 관계라고 할 수 있을 것이다.

3. 플라톤, 아리스토텔레스를 하나로 중세의 거목이 되다

✿ 이상한 질문 : 관념론과 실재론 ✿

가람이 : 교수님, 관념론과 실재론이 뭐죠?

박교수 : '닭이 먼저냐, 달걀이 먼저냐?'라는 질문 알지.

가람이 : 예 알죠, 생물시간에 진화론을 배우면서 했던
　　　　　기억이 나요.

박교수 : 이 질문에서 닭이 먼저라고 생각하는 사람은 '관념론적 사유'를 가진 사람이고, 달걀이 먼저라고 생각하는 사람은 '실재론적 사유'를 가진 사람이지.

가람이 : 어째서 그렇죠?

박교수 : 생각해봐, 태초에 닭이 먼저 있었다고 한다면, 이 닭은 달걀로부터 나온 것이 아니니까, 무언가에 의해서 창조되거나 했을 것 아니겠니. 그러니 닭을 만든 자의 머릿속에는 닭이라는 '관념적인 존재' 즉 실재하는 닭의 모델이 있었겠지. 그러니 관념적인 것이 실재하는 것의 원인이요, 척도가 되는 것이지. 이러한 사고를 '관념론'이라고 하지. 반면 달걀이 먼저라고 한다면, 닭이라는 완성된 것이 즉 이상적인 존재가 구체적이고 불완전한 존재로부터 발생한 것이니까, 실재하는 것으로부터 완전한 관념적인 것이 발생한 셈이 되는 것이지. 이러한 사고를 '실재론'이라고 하는 것이지.

그래서 모든 것이 이상적인 이데아로부터 나왔다고 생각하는 플라톤을 '관념론의 아버지'라고 하고 모든 것이 구체적인 존재하는 것 속에 있는 본성으로부터 발생된다고 생각하는 아리스토텔레스를 '실재론의 어머니'라고 하는 거야.

가람이 : 아 그렇군요! 흠… 그렇다면 모든 목수들은
　　　　　관념론자라고 할 수 있겠네요. 왜냐하면 그들
　　　　　은 항상 '완전한 전개도'를 그려놓고 그것에
　　　　　따라 집을 짓잖아요! 그렇죠?
박교수 : 글쎄, 그러니까…. 그게 그렇게 되나!

　헤겔은 인류의 역사를 이해하는 과정에서 <정-반-합>의 일관된 법칙을 발견하였고, 이를 '변증법'이라고 말하였다. 아마도 토마스 아퀴나스의 사상을 그 이전시대의 사상과 연관하여 이해하는 데는 이러한 '변증법'의 원리를 적용하는 것이 유용할 것이다. 철학사를 살펴보면 세계나 인간의 진리를 이해하는 인간의 정신은 크게 두 가지 경향을 띄고 있음을 알 수 있다. 그것은 '관념론적 특성'과 '실재론적 특성'이다. 플라톤이 세계와 인간의 진리들을 설명하기 위해서 제시한 것이 '이데아론'이라면, 그의 제자인 아리스토텔레스는 '질료·형상론'을 제시하였다. 전자는 구체적인 세계현상들을 설명하기 위해서 그것의 원인이자 목적인 '관념적인 존재'인 이데아를 가정하고 '이데아'가 모든 현상들의 근본적인 원인이자 가장 참된 것처럼 고려하였다. 이는 마치 청자가 빚어지는 원인과 결과가 도공의 머릿속에 있는 청자의 이념이라고 하는 것과 같다. 반면 후자는 구체적인 존재자들의 내면에 존재하는 '형상' 혹은 '본성'을 근거로 모든 것을 설명하고자 하였다. 완성된 소나무가 되는 것은 소나무 씨앗 속의 소나무의 본성이라고 보는 것이다. 그래서 철학사에서는 플라톤을 모든 '관념론'의 아버지처럼 고려하고, 아리스토텔레스를 '실재론'의 어머니처럼 고려하고 있는 것이다. 이러한 두 가지 경향성은 근대에 있어서는 데카르트의 합리론과 흄의 경험론에서도 두드러지는 사상적 경향성이라고 할 수 있다. 그런데 프랑스의 실존주의자인 루이라벨은 이러한 두 가지 사상적 경향성을 두고 "관념론과 실재론의 투쟁은 철학사가 지속하는 한 계속될 것인데, 그 이유는 이 두 사상의 투쟁은 사실상 두 사상 사이의 투쟁이 아니라 인간존재의 내부에 존재하는 두 경향성의 싸움이기 때문"이라고 말하고 있다.

가끔 사람들은 토마스 아퀴나스를 마치 아리스토텔레스의 제자인 것처럼 소개하거나, 아니면 최소한 아리스토텔레스의 사상을 계승한 철학자처럼 소개하지만 앞서 말한 바 있듯이 이는 사실 토마스 아퀴나스 사상의 일면을 말하고 있는 것일 뿐, 결코 토마스 아퀴나스의 사상이 아리스토텔레스의 아류이거나 계승이라고 말할 수는 없다. 굳이 토마스의 사상을 희랍철학과 관련하여 말하고자 한다면, 그의 사상은 플라톤의 사상과 아리스토텔레스의 사상을 종합한 사상이라고 해야 할 것이다. 우선 우리는 토마스 아퀴나스가 아리스토텔레스의 사상을 폭넓게 수용한 사실을 그의 주저들인 『신학대전』 1~4권 전체와 『진리론』의 대부분에서 발견할 수 있는데, 그가 하나의 철학적 명제나 중요한 진술들을 증명하기 위해서 사용하는 대부분의 논의들이 아리스토텔레스의 『형이상학』의 제 원리들을 사용하고 있다는데서 알 수 있다. 구체적인 내용에 있어서 아리스토텔레스의 사상을 수용하고 있는 점은 우선 '질료와 형상론'에 의거하여 대부분을 설명하고 있음을 알 수 있으며, 나아가 인간의 본질 혹은 형상을 지칭하는 '인간영혼'에 대한 논의에서는 거의 대부분 아리스토텔레스의 입장과 동일한 입장에서 설명하고 있다는 점이다. 가령 그는 인간의 영혼은 탄생 시에는 마치 '아무것도 쓰여 있지 않는 백지'와 같다는 아리스토텔레스의 입장을 그대로 수용하고 있으며, 인간의 영혼을 형상으로 그리고 육체를 질료로 고려하는 아리스토텔레스의 인간관을 그대로 수용하고 있다.

하지만 토마스 아퀴나스의 전체적인 사상적 노선을 고려한다면 토마스 아퀴나스는 결코 아리스토텔레스와 동일한 세계관을 공유하고 있다고 볼 수는 없다. 우선 세계관의 차원에서 아리스토텔레스의 사상에서는 세계란 영원히 존재하고 있는 것이기에 창조론이 끼어들 여지가 없다. 나아가 신(神)의 존재가 문제가 될 때 아리스토텔레스의 신(神)의 어디까지나 우주의 제일 원인 즉 원리로서의 신(神)일 뿐이다. 반면 토마스 아퀴나스에 있어서 신(神)은 세계를 창조하고, 인간의 역사에 깊이 개입하는 '성경의 신(神)'이다. 그리고 인간의 영혼에 대한 견해 역시 아리스토텔레스는 '개인의 영혼의 불멸성'을 인정하지 않지만, 토마스 아퀴나스는 개별자로서의 영혼의 불멸성을 인정하고 있다. 마찬가지로 윤리학의 경우 역시 아리스토텔레스에게 있어서는 일반적인 인간적인 덕들(지혜, 용기, 절제, 숙고)에 대해서만 다루고 있지만 토마스 아퀴나스는 신적 실존에 의해 수용되는 (즉 은총을 통해 수용되는) 신학적인 덕들을 인정하고 있으며, 종교적인 사랑 혹은 신에 대한 사랑을 의미하는 '카리타스(Caritas)'를 최고의 덕으로 고려하고 있다.

결국 이러한 아리스토텔레스와의 근본적인 차이점을 보이고 있는 견해들은 플라톤적인 사상을 계승한 것이거나 아니면 최소한 플라톤적 사상의 경향을 강하게 유지하고 있는 아우구스티누스의 사상을 계승한 것이라고 보아야 할 것이다. 가령 '영혼의 불멸성'과 신의 지성에 있는 '이데아들'에 대한 사유는 플라톤의 사유와 거의 흡사하기 때문이다. 사실상 토마스는 그 스스로 '이데아가 신의 지성 속에 존재하는 창조적 형상을 지칭하는 것이라면 플라톤의 이데아는 존재한다고 해야 한다'고 말하고 있다. 결국 우리는 토마스 아퀴나스는 플라톤사상의 진리들과 아리스토텔레스 사상의 진리들에 있어서 결코 부정할 수 없는 어떤 것을 통찰하고 이 두 가지 진리를 하나의 형이상학적 지평에서 종합하였다고 할 수가 있는 것이다.

사실상 이러한 종합의 정신은 그의 열린 사유를 대변하고 있는데, 그는 거의 모든 저서에서 주제에 대한 반대 견해들을

제시하고 이후 자신의 견해를 제시하고 마지막으로 보다 더
나은 사유에 대한 비전을 제시하고 있다. 이처럼 토마스 아퀴
나스는 진리란 인간의 지성에 의해서 항상 더 나은, 더 발전
된 형식을 취할 수 있다고 생각하였으며, 진리를 통찰하는 인
간의 지성에 대한 신뢰를 지닌 철학자였던 것이다. 아마도 이
러한 그의 열린 정신 때문에 오늘날 여전히 '토미즘'이란 이
름으로 그의 사상이 생명을 이어가고 있을 것이다.

인간은 왜, '왜'라는 질문을 던질까?

❁ 이상한 대화 ❁

가람이 : 우리정원 어때, 꽤 넓지! 돌아가신 아버지가
　　　　손수 만드신 거야!

갑돌이 : 너 아버지 생각을 많이 하는구나.

가람이 : 응 그래, 아버지는 이 집도 손수 지어셨어. 이
　　　　집 곳곳에 아버지의 손길이 느껴지지 않는 곳
　　　　이 없어. 정원이 이렇게 넓은 것도 아버지가
　　　　평소에 계속 정원을 넓히셨거든.

갑돌이 : 화단이 제법 넓은데, 쓸데없는 꽃나무 몇 그
　　　　루로 낭비하는 것보다, 감자나 고구마를 심으
　　　　면 좋으련만….

가람이 : 감자나 고구마를 심어서 뭐하게?

갑돌이 : 아니면, 홍삼이나 인삼을 심지 그래.

가람이 : 홍삼이나 인삼을 심으면 뭐가 좋은데?

갑돌이 : 글쎄, 모르긴 해도, 잘만 하면 년 간 3백정도
          의 수입은 나오겠는데….
가람이 : 년 간 3백으로 뭐하게?
갑돌이 : 년 간 3백이면, 유럽여행을 할 수도 있는 돈
          이야. 작은 돈이 아니라고!
가람이 : 유럽여행을 하면 뭐가 좋은데?
갑돌이 : 너 여행을 많이 못해 봤구나. 여행이 얼마나
          좋은 것이라고, 인생을 즐기는 데 여행보다
          좋은 게 없지! 그리고 여행을 하면서 잡다한
          일상을 벗어나 네 아버지 생각도 조용히 할
          수 있을 거고.
가람이 : 그런데 넌 내가 매일 이 정원을 거닐면서 무
          엇을 하고 있다고 생각하니?
갑돌이 : 글쎄, …그건 그러니까….

중세의 대표적인 두 철학자를 들자고 한다면 아마도 '아우
구스티누스'와 '토마스 아퀴나스'를 꼽을 수 있을 것이다. 이
두 철학자는 동일한 가톨릭의 성인이면서 동일한 정통교의를
가진 이들이라고 할 수 있다. 그럼에도 이 두 철학자는 그들
의 철학적 성격에 있어서 많은 차이점을 보이고 있다. 사상이
다른 것이 아니라, 진리를 추구하는 방법이나 표현하는 방법
에 있어서 확연히 다르다. 아우구스티누스가 생생한 삶의 체
험을 통해 고백의 형식으로 그리고 플라톤식의 예지의 차원

에서 진리를 표현하고 있다면, 토마스 아퀴나스는 아리스토텔레스의 형이상학적* 제 원리에 기초하여 경험적이고 합리적인 논의와 섬세한 논리적 사유를 통해서 보다 학문적으로 진리를 표현해주고 있다.

✎____도움글 2 : 형이상학(形而上學)이란?

형이상학은 철학자들에 따라서 여러 가지 다른 의미로 사용되고 있다. 실존주의자들에게 있어서는 인간조건에 대한 탐구, 데카르트류의 철학자들에게 있어서는 인간의 자아에 대한 탐구 혹은 딜타이와 같은 철학자에게 있어서 세계관의 탐구 등을 형이상학이라고 한다. 그 중 아리스토텔레스는 가장 먼저 형이상학이라는 용어를 사용한 철학자이다. 그의 형이상학은 '존재로서의 존재에 대한 학문'이라고 알려져 있다. 존재로서의 존재에 대한 학문이란 존재하는 것들에 대해서 그 종류나 장르 그리고 개별적인 특성들을 모두 넘어서 단적으로 존재하는 것이라는 차원에서 존재의 조건들에 대해서 탐구하는 것을 말한다. 즉 인간과 토끼는 서로 다른 존재들이지만 그들이 존재하는 방식에 있어서 동일한 원리를 가질 것인데, 가령 어린아이나 어린 토끼는 아직 완전한 존재가 아니며, 성숙하기 위한 가능성을 자신 속에 지니고 있다는 의미에서 "현실적인 존재는 모두 '현실태(현재의 실재)'와 '가능태(자신 속에 지닌 가능성)'의 합성으로 이루어져 있다"거나 혹은 토끼의 행위는 토끼의 본성을 따르고 인간의 행위는 인간의 본성을 따르기에 모든 존재에 있어서 "행위는 본성을 따른다"는 명제가 성립하는 것이다. 이렇게 모든 존재하는 것에 동일하게 적용되는 제 법칙이나 개념들을 탐구하는 것을 '존재로서의 존재에 대한 학문'이라 할 수 있다. 이렇게 하여 아리스토텔레스는 그의 형이상학에서 '원인과 결과', '우주의 원인으로서의 제일원인', '형상과 질료', '우연과 필연', '실체와 속성', '본질과 실존', '개별자와 보편자' 등 중요한 철학적 개념들을 정립한 것이다. 그리고 토마스 아퀴나스는 이러한 존재의 법칙들을 통해서 그리스도교의 모든 진리들을 정립하게 된다. 어떤 신학자는 토마스 아퀴나스의 신학대전을 '과학적인 신학'이라고 칭하기도 하는데, 이는 그의 신학대전 전체가 이러한 존재의 법칙을 통해서 논증되고 섬세하게 체계화 되어 있기 때문이다.

1. 실용적인 것과 인간적인 것

인간의 〈알 권리〉란 어디서 나올까?

사람들은 흔히 철학은 '왜?'라는 물음에서 출발한다고 한다. 우리는 이 '왜'라는 질문을 어떤 것에 대한 '이유'를 알고자 하는 질문이라고 바꾸어 말할 수 있다. 그런데 여기서 보다 근본적인 질문을 던져 볼 수 있을 것이다. 인간은 무엇 때문에 어떤 것의 '이유'를 알고자 하는가? 즉 인간이 무엇이기에 모든 것에 있어서 '왜'라는 질문을 던지는 것인가? 여기서 우리는 '인간이란 무엇인가'라는 전통적인 인간학적 질문에 봉착하게 된다. 그렇지만 인간학적 차원에서 인간의 본질적인 행위의 특성에는 무엇에 대해 이해하고자 하는 '왜'라는 질문을 던지는 것만 있는 것이 아니다. 그 중에는 '선한 것을 추구하는 것', '아름다운 것을 추구하는 것', '소유하고자 하는 것' 등의 다른 행위들이 포함된다. 그럼에도 불구하고 이 모든 것들 중에 가장 인간적인 특성을 나타내는 것은 '왜'라고 질문하는, 알고자 하는 인간의 행위이다.

그렇다면 무엇이 인간으로 하여금 '왜'라는 질문을 던지게 하는가? 그것은 인간은 지성(이성)을 가진 존재이기 때문이다. 지성은 인간의 본질적인 형상 즉 인간을 인간답게 하는 본성과도 같은 것이다.

> 모든 존재자들은 그들의 유적 특성을 그들의 고유한 형상들을 통하여 획득한다. 그런데 인간의 고유한 형상은 이성적인 영혼(지성적인 영혼)이다.
>
> (『진리론』, 영혼에 관하여, 1장)

이성 혹은 지성은 인간의 행위 중에서 '알고자하는 것', '이해하고자 하는 것' 그것도 '참되게 알고자 혹은 진실을 알고자하는 원리'이다. 인간의 본성으로부터 발생하는 것은 무수히 많을 것이다. 살고자 하는 것, 맛있는 것을 먹고자 하는 것, 아름다운 것을 보고자 하는 것, 유희를 느끼고자 하는 것, 사랑받고자 하는 것 등 등, 하지만 이 중에서도 가장 인간적인 것, 인간존재에 고유한 어떤 것은 '알고자 하는 것'이며, 이것은 곧 이성으로부터 발생하는 것이다. 사실 사랑도 사랑하는 대상에 대해서 전혀 알지 못한다면 불가능 할 것이다. 동물은 어떤 것을 알고자 하지 않는다. 그들은 이성이 없기 때문이다. 만일 천사가 존재한다면 그들도 역시 알고자 하지 않는다. 왜냐하면 그들은 이미 모든 것을 알고 있을 것이기 때문이다. 오직 인간만이 본성적으로 (혹은 본능적으로) 무엇을 알고자한다. 그러기에 인간에게 있어서 가장 인간다운 고유한 권리는 '알고자 하는 권리' 곧 앎의 권리이다.

이러한 토미즘의 사유는 현대를 사는 우리에게 많은 것을 시사해 주고 있다. 실용주의나 기능주의에 물든 현대인들은 더 이상 '실용적 가치'가 없는 것에는 큰 의미를 두지 않는다. 그러기에 시나 소설 나아가 예술, 철학 등은 있으면 좋지만 없어도 그만 이라는 생각을 하게 되는 것이다. 그래서 '인문학의 위기'라는 이해할 수 없는 현상이 자연스러운 현대사회의 한 단면이 되어 버린 것이다. 인문학의 위기가 우리에게 가져올 폐해는 이루 말할 수 없겠지만 그 중에서도 가장 우려스러운 것은 인간이 스스로 인간이기를 포기한다는 것이다.

왜냐하면 인간의 유적(類的)인 자기 동일성을 규정해주는 원리인 지성은 무엇보다 먼저 '생각하는 원리'이지만, 인문학의 위기는 곧 사람들이 생각하지 않는 삶에로 인도하기 때문이다. 생각한다는 것은 알고자 한다는 것이다.

그런데 앎이란 무엇인가? 앎에도 여러 가지 종류가 있다. 그 중 가장 대표적인 두 가지 앎은 '기술적인 앎'과 '인문학적인 앎'이다. 하나에 둘을 더하면 셋이 된다는 수학적인 앎은 '기술적인 앎'의 대표적인 것이다. 삼각형 세 각의 합은 언제나 180°라는 단순한 앎에서 아주 복잡한 미분적분의 앎 나아가 별자리의 이동에 관한 천문학적인 엄청난 계산에 이르기까지 그리고 자동차의 엔진원리나 인간 DNA를 분석하여 지도를 만드는 게놈의 원리는 전부 기술적인 앎이다. 기술적인 앎의 특징은 본질적으로 숫자와 관련되어 있다는 것이다. 기술의 진보란 보다 세분화되고 정밀화되며 섬세하게 된다는 것을 의미한다. 이는 본질적으로 양적인 팽창을 의미하지만, 어쩌면 질적인 것과는 무관한 것이다. 하지만 인문학적인 앎은 이와 차원이 다르다. 인문학적인 앎은 어떤 것의 본질 혹은 본성과 관련되어 있다.

지성의 고유한 대상은 존재(자)의 본질이다.

(『신학대전』 1권, 문 85)

여러 사물들의 본질들은 우리에게 알려져 있지 않다.
왜냐하면 본질적인 차이들이 우리에게 알려져 있지 않기
때문이다.

(『진리론』, 진리에 관하여, 문 4 :『대이교도 대전』 3권, 91장)

어떤 것이 본질(essentia)을 안다는 것은 무엇을 말하는가?
그의 키가 170cm이고 나의 키가 180cm이라는 것을 안다는 것
은 그는 시인이기에 시상이 떠오르지 않아서 고민 중에 있으
며 나는 진리를 배신한 어떤 정치인들 때문에 괴로워하고 있
다는 것을 아는 것과는 전혀 다른 앎이다. 전자는 비본질적인
앎이며 후자는 본질적인 앎이다. 왜냐하면 전자의 앎의 '내가
누구인가?'라는 나의 동일성과는 무관한 앎이지만 후자는 직
접 관계되는 앎이기 때문이다. 전자는 직접적으로 그리고 객
관적으로 우리에게 알려져 있지만 후자는 직접적인 우리들의
인식에 숨겨져 있다.

본질이란 말은 여러 가지 의미를 지니고 있지만 무엇보다
먼저 한 개인의 개별적인 자기 동일성의 원리라고 할 수 있
다. 즉 내가 나답게 살아가는 궁극적인 원인이라고 할 수 있
다. 나의 모든 속성들이 하나의 원리에서 발생한다면 바로 이
원리가 본질이다. 토마스에게 있어서 이러한 한 개인의 본질
은 바로 그의 영혼(지성혼)이다. 이는 그의 모든 개성의 원인이
되는 그의 인격이다. 그래서 어떤 것의 본질을 안다는 것은

단순히 '아는 것'이 아니라 '이해하는 것'이 된다. 한 시인이 인생에 대해서 시를 짓는다는 것은 궁극적으로 인생의 본질을 이해하고자 하는 것이다. 마찬가지로 한 소설가가 한국의 근대사에 관한 소설을 쓴다는 것은 결국 한국의 문화, 한국의 민족성, 한국인의 생의 고뇌와 환희에 대해서 즉 한민족의 생의 본질을 이해하고자 하는 것이다. 과학적 혹은 기술적인 앎이 유용성과 관련이 있다면 인문학적 지식은 '의미'와 '가치'에 관련되어 있다. 어떤 것에 대한 이해는 이해하는 대상의 가치를 유발한다. 베토벤의 음악이 아무리 놀라운 것이라 해도 이 음악을 전혀 이해하지 못하는 사람에게는 아무런 가치도 유발하지 않겠지만, 일단 음악을 이해하기 시작하면 그것이 얼마나 소중한 것인가를 알게 된다. 가치가 있다는 것은 소중하다는 것이다. 과학적 지식이 정보와 기능에 관련되어 있다면 인문학적 지식은 의미와 가치에 연관되어 있다. 한 인간의 인생의 가치나 소중함은 본질적으로 그의 삶에 대한 체험과 이 체험에 대해 '사유하는 것'에서 주어지기 때문이다. 사유한다는 것, 생각한다는 것 이것은 인간으로서의 인간에게 속한 고유한 가치들을 밝혀주는 것이다. 현대철학자 가브리엘 마르셀은 '생각하지 못하는 병에 걸리지 않은 사람은 누구나 자유로울 수 있다'고 하였다. 생각한다는 것은 그 자체로 소중한 가치이다. 무엇에 대해서 어떻게 생각하는가 하는 문제는 2차적인 문제이다. 인간이 지성적이 존재이기 때문에 인간은 생각할 때 참으로 인간적으로 존재하는 것이다.

> 지성 행위를 한다는 것, 즉 생각한다는 것은 지성적으로 존재한다는 것이다.
>
> (『진리론』, 진리에 관하여, 문 10)

잘 산다는 것은 중요하다. 그러나 잘 살기 이전에 우선 잘 존재해야한다. 즉 인간답게 존재할 때, 비로소 인간답게 살 수 있는 것이다. 만일 더 이상 생각하기를 원치 않고 매일을 사회나 직장이 요청하는 단조로운 삶을 기계적으로 반복하며 살아가는 사람이 있나면, 이러한 사람은 정신이라는 수족을 가지고 있지만 걸을 수 없는 장애인이나 다름없는 것이다. 인간에게 있어서 생의 풍요, 정확히 말해 존재의 풍요는 사유하는 것에서 비롯된다. 사유한다는 것은 나의 실존을 깊게 하는 것이며, 다른 존재의 본질에로 침투한다는 것이며, 이를 통해서 교감과 일치를 유발할 수 있는 진정한 소통을 실현하는 것이다. 바로 이러한 타자와의 진정한 소통과 일치에서 인간의 위대함이 있다.

인간에게 있어서 사유하는 지성을 가지고 있다는 사실은 참으로 하나의 선물이 아닐 수 없다. 내가 내 행위의 주인이 될 수 있는 것도, 나와 전혀 다른 타인과 교감을 하고 소통을 이룰 수 있는 것도, 인간을 소외시키는 기술문명에 저항할 수 있는 것도, 힘겹고 절망적인 상황 속에서 인간의 향기를 잃지 않는 것도, 복잡하고 난해한 현대사회에서 자기의 중심을 잃지 않게 하는 것도, 단조롭고 무료한 현실에 기쁨을 발견하고 창조하게 하는 것도, 온갖 불의와 유혹이 난무하는 세상에서 빛을 갈망할 수 있도록 하는 것도 나아가 유한하고 일시적인 현세의 삶으로부터 눈을 돌려 초월적인 세계, 영원한 세계로 우리의 시선을 들어 올리는 것도 모두 '사유하는 것'에서 가능하기 때문이다. 이러한 놀라운 능력을 가진 인간의 지성은 그럼에도 오늘날 걷잡을 수 없는 과학기술의 발전, 물질만능주의의 힘에 밀려 너무나 외소하게 보인다. 모든 것이 실용성의 가치 아래 놓이게 되는 인간의 삶이란 가브리엘 마르셀이 말하듯이 '곧장 일터로'로 라는 슬로건을 낳았고, 이는 곧 '곧장 화장터로'하는 슬로건과 다를 바 없는 것이다. 무엇이 이러한 암울한 세계로부터 우리를 구원할 수 있을까? 그것은 칸트가 말했듯이 '지성'을 가진 우리자신이 이 모든 과학기술의 찬란한 발전보다 더 소중한 존재이며, 이러한 찬란한 기술문명이 결국 '우리자신'을 위해서 존재할 뿐이라는 것을 자각하는 일이다. 무엇을 통해서 이러한 자각을 가질 수 있는 것인가? 토마스는 다음과 같이 말하고 있다.

> 영혼은 오직 자신의 행위(*actus*)를 통해서만 자신을 안다.
>
> (『신학대전』 1권, 문 87)

즉 인간이 자기 자신에 대해 자각하기 위해서는 자신에게 고유한 행위 즉 '사유행위'를 하면서만 가능한 것이다. 생각하지 않는다는 것, '왜?'라고 질문을 하지 않는다는 것, 이것이 바로 오늘날 모든 현대인의 문제의 출발점인 것이다.

인간 이상을 추구하는 인간의 갈망은 환상인가?

사람들은 왜 진실을 알고자하고 또 왜 선한 것을 갈망하는 것인가? 토마스 아퀴나스는 애초에 인간의 이성은 참된 것을 지향하고 의지는 선(善)한 것을 지향한다고 답하고 있다. 그리고 이러한 지향성은 최종적인 진리나 최상의 선을 알기 이전에는 멈추지 않는다. 이러한 생각은 '인간은 신을 닮았다'는 성서적 진리를 철학적으로 해명하는 단서가 된다. 인간이 신을 닮았다는 이러한 토마스의 사유는 단순한 가정이나 신념이 아니라 '지성적인 인간'이란 정의 자체로부터 논리적인 것이기도 하다. 끊임없이 보다 나은 것을 추구하는 인간의 지향성은 인간이 지성적인 존재이기 때문이다. 즉 이상적인 것 혹은 완전한 것을 이해하고 그것을 추구하는 것은 곧 '지성의 역할'인 것이다. 따라서 이상적인 것을 추구하는 것은 인간의 자연적인 본성에 의한 것이다. 즉 인간의 본성은 이상적인 것과 관련이 있다. 그런데 주어진 인간의 본성은 이상적인 것을 추구한다는 그 이유만으로는 아직 이상적인 것은 아니다. 그러기에 인간의 본성은 이상적인 것을 '닮은 어떤 것(similitudo)'

이다. 전혀 모르는 것을 추구하지는 않기 때문이다. 이상적인 존재 즉 완전한 존재가 있다면 그것은 곧 신성(神性)한 존재이다. 왜냐하면 변화하는 그 어떤 것도 완전한 것은 아니기 때문이다. 이상적인 것, 완전한 것, 신(神)적인 것은 사실상 동의어인 것이다. 인간은 신을 닮았기에 이상적인 것, 완전한 것을 추구할 수밖에 없는 것이다.

이러한 것을 형이상학적인 명제로서는 '원인은 결과와 같다'고 진술된다. 운동의 원인은 건강이다. 그런데 운동의 결과는 무엇인가? 그것은 곧 건강을 획득하는 것이다. 운동의 원인도 건강이고 그 결과도 건강인 것이다. 마찬가지로 인간이 무엇인가를 갈망한다면 그 원인은 무엇인가? 그것은 마지막 결과로 주어지는 그것 때문이다. 인간이 최종적으로 가지게 되는 것이 있다면 그것은 이상적인 것(완전한 것)이다. 왜냐하면 이상적인 것이 주어지지 않는 한 인간은 끊임없이 무언가를 추구할 것이기 때문이다. 이 이상적인 것이 중세인들에게 있어서는 '신(神)'인 것이다. 결국 결과적으로 주어지는 것이 '신'이라면 애초에 그 원인이었던 것도 '신'일 수밖에 없는 것이다. 우리는 여기서 플라톤의 '선(善)의 이데아'가 토마스에게 있어서는 '신(神)'으로 바뀌고 있음을 알 수 있다.

인간에 대한 이러한 형이상학적 고찰은 인간에게는 인간이상의 것, 즉 신성한 어떤 것이 있으며, 그러기에 신을 추구할 수밖에 없는 존재라는 토미즘 인간학의 심오한 진리를 말해

준다. 아리스토텔레스는 이러한 신적인 존재를 '우주의 제일 원인'이라고 말하였고, 형이상학적 차원에서 모든 우주의 만물은 이러한 우주의 제일원인을 지향하고 있다고 하였다. 그러나 토마스 아퀴나스에 의하면 신을 추구하는 이러한 지향성은 단순히 형이상학적인 차원의 진리가 아니라, 현실의 실제적인 삶에서 이루어지고 있다. 그것은 모든 것을 이해하고자 하고 항상 보다 더 나은 것을 추구하는 것 그리고 죽음마저도 넘어서고자 하는 현실 안에서의 인간의 종교적 삶을 통해서 실현되고 있다고 보는 것이다.

영혼의 불멸성에 대한 사유는 단순히 논리적인 사변적 지혜가 아니다. 토마스에 의하면 이는 엄연한 인간현상의 하나로 거부할 수 없는 실재이다. 모든 생명체 중 유독 인간만이 죽음에 대해 걱정하며 죽음을 거부하고 살고자 몸부림치고 있는 존재이다. 이는 하이데거의 실존주의에서도 잘 드러나는 인간 현상이다. 그리고 이러한 죽음에 대한 저항은 이성을 가진 인간의 본성에 의한 것이기에 참된 것이다. 왜냐하면 모든 자연적인 질서에 있는 현상은 참된 것이기 때문이다. 만일 죽음에 저항하는 이러한 인간의 노력이 헛된 것이라면 인간성 그 자체가 납득할 수 없는 '부조리'가 아닐 수 없다. 모든 것을 이해하고자 하고 항상 보다 나은 상태를 지향하는 지성의 노력이 '죽음'이라는 사건을 통해 완전히 헛된 것으로 판명된다면 인간의 지성적 지향성은 도저히 납득할 수 없는 부조리가 아닐 수 없기 때문이다. 쟈크 마리탱과 같은 현대 토미스트는 이러한 죽음을 넘어서고자 하는 인간의 자연적인 현상은 애초에 인간의 지성에 각인된 본능적인 앎 즉 '육체적 죽음이 존재의 절대적인 상실이 아님'을 생득적으로 지니고 있는 앎이라고 한다. 물론 이러한 초－이성적 것에 관한 생득적이며 본능적인 앎에는 '양심이 있다', '신은 존재한다', '살인은 나쁜 것이다'는 등의 앎들이 있다. 하지만 이러한 생득적인 앎은 '확실성'이 보장되는 것이 아니기에 이성을 통해 끊임없이 의심할 수밖에 없는 앎이라고 한다.

물론 영혼의 불멸성이나 신의 존재에 대한 이러한 논의는 결코 증명할 수는 없는 사유이다. 하지만 지상에서의 인간의 삶이 보다 큰 것, 보다 나은 삶을 향한 '여정의 삶'이라는 이러한 이해가 없다면 인간의 행위는 결국 길을 잃고 말 것이다. 죽음에 저항하는 인간의 행위가 헛된 것이 아니라는 토마스의 사유는 목적지에 대한 방향설정을 하고 있는 것이다. <인간학>의 창시자인 막스 쉘러는 '인간은 자기 자신보다 더 큰 세계로 열린 X'라고 규정하고 있는데, 사실상 토마스 아퀴나스의 사유 역시 인간은 현재의 자신을 부단히 넘어서는 존재라는 형이상학적 존재로서의 인간존재에 대한 근원적인 이해라고 보아야 할 것이다.

2. 남이 나를 올바른 사람이라고 인정하는 것이 왜 중요할까?

'왜'라는 질문과 도덕적인 존재

'어떤 것의 원인'을 안다는 것은 크게 두 가지로 나눌 수 있다. 단순히 기계론적으로 물리적인 원인을 추구하는 것과 '의도'를 묻는 인간행위의 원인이 그것이다. 가령 '왜 먹는가'라는 질문에 '배가 고프기 때문에 먹는다'라고 답했다면 이는 단순히 '생물학적인 현상'에 대한 원인설명일 뿐이다. 하지만 '먹기 위해 사는가, 살기위해 먹는가?'하는 질문은 단순히 생물학적인 이유가 아니라, 먹는 행위의 동기 즉 그의 행위에 대한 행위자의 의도 혹은 가치관을 묻는 것이다. 가령 '먹기 위해 산다'라는 대답은 먹는 행위를 중요시 하는 것으로 마치 삶의 목적이 먹는데 있다는 것으로 해석된다. 이러한 삶은 동물적인 삶이 될 것이다. 왜냐하면 여기서는 삶에 있어서 '생존'이라는 가치 외에 다른 모든 것은 부차적인 것이 되어 버리기 때문이다. 반면 '살기 위해서 먹는다'는 대답은 '먹는 행위'란 살기 위한 수단일 뿐 더 이상 중요한 것이 아니다. 여기에는 '사는 것'이 보다 중요한 것이 되고 따라서 이 삶이 어떻게 이루어지느냐에 따라서 다른 많은 가치들이 지향될 수 있기 때문이다.

　　이처럼 동일한 하나의 행위에 대해서 '왜'라는 질문이 '행위자의 의도'를 묻는다는 것은 곧 행위의 정당한 이유 즉 '명분'을 묻고 있는 것이다. 이러한 질문은 단순히 '인간의 행위'가 아닌 '인간적인 모든 행위'에 적용되는 것이며 자기 행위에 대한 의도와 관계되는 것으로 윤리 도덕적인 문제와 관련되어 있다. 인간이 동물과 다른 점은 다양한 관점에서 말해질 수 있겠으나 그 중에서도 인간은 '자기 행위에 대한 이유' 즉 '정당한 명분'을 추구한다는 점일 것이며, 이는 곧 도덕적인 존재로서의 인간의 특성을 말해주고 있다.

　　그런데 왜 인간은 이러한 행위의 명분을 추구하는 것일까? 즉 무엇이 인간으로 하여금 도덕적인 존재가 되게 하는 것일까? 아마도 진화론자나 순수하게 경험주의자의 입장에서 보자면 이러한 도덕적인 특성은 '교육을 통해 답습된 습관'에 지나지 않을 것이다. 즉 애초에 인간 역시도 동물과 다름없을 뿐이지만 교육이란 것을 통해서 끊임없이 그렇게 주입되어 결국 인간적 삶의 본질적 특성으로 굳혀지게 된 것이다. 하지만 토미즘은 이를 다르게 본다. 토미즘에서 인간은 생득적으로 두 가지 것을 타고 나는데 하나는 '이성'이며 다른 하나는 '양심'이다. 토마스는 양심(*synderesis*)이란 '그의 행위에 대해서 행위 하기 이전에 옳고 그름을 미리 판단하는 것'이기에 생득적이라고 주장한다. (『진리론』, 문 16, 양심에 관하여, 1장) 즉 행위가 실행되기 이전에 행위의 결과와 무관하게 자신의 행위에 대해서 '옳은 것인가', '잘못된 것인가?' 혹은 '선한 것인가', '악한 것인가'를 판단할 수 있다는 것은 모든 이성적인 앎 즉 추론적인 앎 이전에 자신의 내적인 의도에 대한 직관을 통해서 판단하는 것이다. 따라서 교육을 통한 앎 이전에 실행되는 것이 교육을 통해서 주어질 수는 없는 것이다.

지성이 추구하는 목적은 '참된 것'이지만 양심이 추구하는 목적은 '선한 것'이다.[1] 사실 양심은 단지 선한 것을 추구하는 원리나 동인일 뿐 아니라, 그 자체 하나의 선악을 판단하는 앎의 능력이기도 하다. 이러한 양심의 능력은 생득적인 것이지만 그러나 양심이 모든 인간적인 행위들에 있어서 선악을 판난할 수는 없다. 다만 '사람을 죽이는 것은 나쁘다'거나 '가난한 이들을 도우는 것은 선한 것이다'는 등의 근본적인 앎―혹은 이러한 앎들의 원리―에 있어서만 생득적일 뿐이다. 복잡한 현대사회의 상황윤리에 있어서 양심만으로 문제를 해결할 수 없다는 것이 이를 말해준다.

인간은 자신의 행위에 있어서 명분을 추구한다는 것은 곧 자신의 행위가 도덕적으로 정당한 것, 떳떳한 것, 선한 것을 추구하고 있다는 것을 반증하며, 이는 또한 그렇게 추구하도

---

[1] 지성은 마치 형상으로 향하듯 참된 것(verum)으로 향한다. 왜냐하면 지성은 지성 작용의 대상으로부터 지성적 정보를 수용해야 하기 때문이다. 반면에 의지는 마치 하나의 목적처럼 선(bonum)으로 향한다. 이 때문에 아리스토텔레스는 그의 〈형이상학〉 6권에서 참된 것은 내적인 형상으로서 정신 안에 있으며, 선한 것은 외적인 목적으로서 모든 사물들 안에 있다고 말한 것이다. 『진리론』, 문 15, 상위 지성과 하위 지성, 2장.

록 내미는 양심의 능력이 그 이면에 도사리고 있다는 것을 증명해주고 있다. 토마스는 인간이 어떤 것을 행할 때 "만일 이 어떤 것이 자신에게 선한 것(좋은 것)이라고 생각되지 않는다면 결코 행위 하지 않는다"(『신학대전』 1권, 문 82)라고 생각하고 있다. 즉 절도나 강도질도 그것이 자신에게 유익하다고 판단하기 때문에 행위 하는 것이지 그것이 자신에게 위해하다고 생각한다면 하지 않을 것이라는 것이다. 물론 이러한 사유는 일반적으로 수용될 수 있겠지만, 오늘날 도시화된 현대 사회에서 모든 경우에 적용할 수는 없을 것이다. 왜냐하면 '묻지마 범죄'나 '알콜 중독' 같은 경우에는 그 행위가 자신에게 이롭다고 생각하기 때문에 행하지는 않기 때문이다. 즉 토마스의 이러한 사유는 정상적이고 일반적인 경우에만 적용될 수 있는 것이다.

많은 경우 사람들은 어떤 선행(善行)을 앞두고 망설이는 경우를 체험하곤 한다. 선행인 한 그것은 좋은 것이다. 하지만 왜 망설이는가? 그것이 선하고 좋은 것인지는 알지만 '나 자신에게 좋은 것'은 아니기 때문이다. '장님'이나 '나환우'들을 위해 매달 일정량의 돈을 기부하는 것이 선한 것인 줄은 알지만, 그러나 그것은 또한 나의 생활비가 줄어드는 것을 의미하며 나의 삶의 어려움을 가중할 것이기 때문에 망설이는 것이다. 결국 기부를 하든지 않든지 사람들은 어떤 정당한 이유를 찾게 될 것이다. '나는 비록 여유가 없지만 너그러운 사람이다’ 혹은 ‘나는 자비를 추구하는 불교도로서 혹은 그리스도 교인으로서 마땅히 해야 할 일을 하는 것이다’라고 생각하며 기부를 한다. 아니면 ‘기부하는 것이 좋은 일이긴 하지만 나의 삶도 너무 힘든다’ 혹은 ‘남을 돕기에는 나 역시 가난한 사람이다’ 그것도 아니면 ‘이 돈이 어떻게 번 돈인데…’ 등의 이유를 가지고 기부하기를 포기하는 것이다. 이렇게 사람들은 자신의 행위에 대한 명분을 추구하는 것이다. 그런데 왜 굳이 명분을 찾고 있는가? 그것은 우리의 양심이 항상 ‘선한 것’, ‘정당한 것’을 행하라고 부추기기 때문이다. 즉 우리가 선하지 않는 행위를 하거나, 선한 행위를 거부할 때는 양심의 가책을 느끼기 때문이다.

이러한 명분을 추구하는 인간의 행위는 자주 ‘명분이냐, 실리냐’ 하는 선택의 문제에 봉착하게 된다. 가령 ‘한국군의 이라크 파병’문제를 들어보자. 이라크에 한국군을 파병할 당시 정부의 입장은 ‘파병이 도덕적 차원에서 그리 올바른 행위는 아니겠지만, 국익을 위해서는 어쩔 수 없다’는 것이었다. 이 경우 명분보다는 ‘실리’를 택한 것이다. 하지만 이러한 선택의 이면에는 ‘아직 우리나라가 도덕적인 명분을 선택할 만큼 (경제적으로 정치적으로) 여유 있는 나라가 아니다’는 일종의 자기 합리화 즉 여전히 행위의 명분이 숨어 있는 것이다. 이러한 예는 많을 것이다. 초, 중, 고의 일선 학교 학생들에게 무료급식을 하자는 주장이 있다. 그리고 이에 대한 사람들의 반응은 '찬성'과 '반대'로 첨예하게 대립하고 있다. '찬성'하는 사람들의 주장에 중심이 되는 이유는 '의무교육'을 완전하게 실천하는 방안이라는 것이다. 반면 반대하는 사람들의 경우는 '자기 자식의 식사는 부모가 담당하여야 하며, 학생들의 독립심을 키워주어야 한다'는 것이다. 가장 걸림돌이 되는 문제가 '예산의 문제'인줄 누구나 알지만 이렇게 '경제적인 이유'보다는 '의무교육의 이념'이나 '독립심'이라는 정신적인 가치를 우선적으로 내세우는 것은 무엇 때문인가? 그것은 바로 자신의 행위에 우선적으로 '정당한 명분' 즉 도덕적인 이유를 내세우고자 하는 것이다. 즉 인간은 본질적으로 도덕적으로 올바른 것을 추구하고자 하고 다른 사람들에게 이러한 올바른 것을 추구하고 있음을 확인받고자 하는 존재인 것이다.

아마도 이러한 사실이 우리에게 말해주는 것은 인간은 누구나 정신적으로 올바름, 떳떳함이라는 도덕적 행위를 하기를 원한다는 것이다. 아니면 최소한 그렇게 이해받기를 원하는 것이다. 이는 양심이 인간행위의 가장 기초적인 하나의 원리라는 사실을 반증해 주고 있다. 모든 원리는 어떤 특정한 목적을 가정한다. 가령 중력의 원리나 물이 기화하는 원리 같은 자연 법칙들은 자연의 조화와 유기체적인 통일을 위해서 존재하며, 인체의 모든 원리들은 인간의 완전한 건강을 유지하기 위해서 존재한다. 마찬가지로 양심의 원리는 '도덕적인 존재'가 되기 위해서 주어진 것이다. 엄밀히 말해 인간은 태어나면서부터 도덕적인 존재로 태어나는 것은 아니다. 다만 양심의 원리를 통해 도덕적인 실존을 지니고 도덕적인 행위를 감행할 때 비로소 진정한 '도덕적인 존재'가 되는 것이다. 양심이란 어디 까지나 도덕적인 존재가 되기 위해 주어진 하나의 원리에 불과한 것이다.

양심의 원리와 자율적인 인간

도덕적 원리가 되기 위한 원리로서의 양심은 '인간이란 무엇인가?'를 규정하는데 중요한 역할을 한다. 그것은 '자율적인 인간'이란 인간에 대한 정의이다. 자율적이란 스스로 판단하여 실행하는 것을 말한다. 도덕적인 영역에 있어서 자율적인 인간이란 '옳고 그른 것' 혹은 '보다 가치 있는 것과 그렇지 않는 것', '마땅히 해야 할 것과 아닌 것'에 대해서 스스로 판단하고 그것을 실행할 수 있는 사람을 말한다. 따라서 인간이 도덕적으로 자율적인 인간이 될 수 있다면, 이는 인간 안에 선악의 판단, 가치의 판단에 대한 식별의 원리 혹은 판단의 원리가 있어야 한다. 나아가 이것을 실행에 옮길 수 있는 어떤 능력이 자신의 내부에 있어야 한다. 이 원리나 능력이 없다면 그리하여 모든 것을 사회나 집단이 규정하고 있는 관습이나 법에 의존한다면 나아가 관습이나 법이 부과하는 '상벌' 때문에 행위 한다면 인간은 도덕적으로 결코 자율적인 인간이 될 수 없을 것이다. 즉 인간이 도덕적으로 '자율적인 인간'

이 될 수 있기 위해서는 양심이라는 것을 인정하지 않으면 안된다. 물론 미묘한 인간관계와 복잡한 시회구조를 가진 인간 사회를 살아가면서 도덕적인 자율성을 가지기 위해서는 양심만으로는 부족할 것이다. 그래서 토마스는 진정한 도덕적인 행위를 의지적인·행위라고 하면서 지성적인 이해를 전제하는 것이다. 이 지성적인 이해란 곧 목적에 대한 앎이다.

> 이처럼 목적에 대한 앎을 소유하는 존재는 그들 스스로 움직이는 것이다. 왜냐하면 이들은 다만 그들 내부에 운동의 원리를 가질 뿐만 아니라 하나의 목적을 향해서 움직이기 때문이다. 이처럼 이들의 운동의 원리가 이 두 가지 조건(내적인 원인과 목적에 대한 앎)에 의해서 기인되는 경우 이들의 운동을 '의지적'이라고 부르는 것이다.
>
> (『신학대전』 1~2권, 문 6)

기독교에서 인간이 자신의 죄를 고백할 때는 일반적으로 '하느님 앞에서 그리고 형제들 앞에서 죄를 지었다'라고 말하는 것을 볼 수 있다. 그리고 이 둘을 합쳐서 '사랑을 있어야 할 곳에 사랑을 실천하지 못하였다'고 요약하고 있다. 이 경우 하느님 앞에서의 죄란 '종교적 의미의 죄'를 말하는 것이며, '형제들 앞에서의 죄'란 '도덕적 의미의 죄'를 말한다. 전자는 종교인으로서의 종교적인 의무를 저버린 것이라고 한다면 후자는 도덕적인 인간으로서 도덕적인 의무를 저버렸다는 것이다. 이 경우 도덕적인 의무를 저버린 것은 무엇을 의미하는 것일까? 그리고 그것을 판단하는 기준은 어디에 있을까? 토미즘은 이에 대해서 '양심의 소리를 외면한 것'이라고 말할 것이다. 왜냐하면 한 개인의 도덕적인 의무를 부과하는 것은 자신의 양심 외에 어디에도 없을 것이기 때문이다. 그리고 진정 양심의 목소리를 듣고자 한다면 누구도 도덕적인 오류를 범할 수가 없을 것이기 때문이다. 한 개인의 실존적인 상황을 가장 잘 이해하는 자는 그 자신뿐이며 양심은 이러한 실존적인 상황을 감안하여 가장 올바른 행위를 하라고 우리자신에게 명할 것이기 때문이다. 그리기에 만일 상황에 대한 무지로 인해서 자신이 나쁜 행위를 하는지 전혀 알지 못하고 나쁜 행위를 하게 되었다면, 이는 사회적으로는 범죄행위를 하였겠지만, 도덕적으로 죄를 짓는 것은 아니다. 이는 법정의 판결에서도 종종 볼 수 있는 일이다. 동일하게 사람을 죽인 경우라 할지라도 '사람이 죽을 것이라는 것을 알면서 한 것'과 그러한 사실을 전혀 모르고 한 경우에는 죄의 경중이 달라지는 것이다. 즉 의도적인 경우와 비의도적인 경우 죄의 경중이 달라지는 것이다.

인간의 한 행위는 상황들에 대한 이해와 무지에 의해서 '의도적' 또는 '비의도적'이라고 판단되어야 한다.

(『신학대전』 1∼2권, 문 7)

  그런데 왜 의도적인 행위가 비의도적인 행위보다 죄 값이 큰 것일까? 그것은 오직 의도적인 행위만이 '도덕적인 죄'일 수 있기 때문이다. 그래서 사람을 죽인 경우 의도적인 경우를 '살인'이라고 하지만 비의도적인 경우는 살인이라고 하지 않고 '과실치사' 즉 '실수로 사람을 죽인 것'이라고 하는 것이다. 이처럼 토미즘의 사유는 오늘날 법률적인 해석에 일치하는 지극히 보편적인 사유라고 할 수 있다. 토미즘의 자율은 법이 명하기에 행하는데 있지 않고, 법이 명하는 것이 올바른 것임을 자각하고 그것을 나의 개별적인 판단에 따라 행하는 데에 있다. 그러기에 법률과 양심이 대립할 때는 항상 양심의 소리를 들어야 하는 것이다.

  토미즘의 자율 개념은 매우 능동적인 것이다. 도덕적인 영역에 있어서 안다는 것은 단순히 무엇이 옳은 것인지를 알고 있다는 것이 아니다. 그것은 이 올바른 것을 실천할 수 있다는 것을 의미한다. 이것을 동양철학에서는 '지행합일'이라고 한다. 아는 것과 행하는 것이 일치할 때 비로소 참으로 안다고 할 수 있는 것이 도덕적인 앎의 특징이다. 이러한 선에 대한 실천적인 능력이 있을 때 비로소 자율적인 인간이라고 할 수 있다. 하지만 토마스는 인간의 도덕적인 앎에 대해서 이보다 더 멀리 나아간다. 참으로 도덕적인 의미에서 자율적인 인간은 단순히 행동하는 것에 그치는 것이 아니다. 그는 '새로운 실재'를 창조하는 것이다.

인간의 실천적인 이성(도덕적 의식, 즉 양심)은 앎의 영역
에 국한되지 않는다. 실천 이성은 새로운 실재를 산출하
는 데 이른다.

(『신학대전』 2~2권, 문 83)

　실천이성 즉 양심이 산출하는 이 '새로운 실재'란 무엇인
가? 그것은 도덕규범, 법, 행위양식 등, 선을 산출하기 위해서
요청되는 일체의 정신적인 실재를 말한다. 사회가 인간의 사
회인 한 완전한 사회는 없을 것이다. 그리고 진보 중에 있는
사회라는 그 이유만으로 사회는 항상 새로운 법률과 도덕규
범을 필요로 하고 있다. 가령 복잡한 직업세계는 이전에 없던
'직업윤리'라는 것을 요청하고, 잦은 의료분쟁은 '의료윤리'를
요청하며, 생명공학의 발달은 '생명윤리'를 요청하고 있다. 이
처럼 새로운 분야의 개척은 반드시 이에 해당하는 '윤리규범'
혹은 '도덕규범'을 요청하고 있다. 뿐만이 아니다. '세계 인권
위원회', '유엔평화위원회', '세계아동복지재단' 등 현대사회는
예전에는 존재하지 않았던 다양한 도덕적 단체들이 활동하고
있다. 나아가 보다 큰 선을 위해서 인간은 인간에게 주어진
고유한 삶의 법칙을 넘어서는 삶의 양식을 창조하기도 한다..
수도자들의 독신의 삶이나, 가난한 이들을 위한 봉사의 삶에
헌신하는 일, 환경보호를 위해 투신하는 삶 등은 모두 자연적
인 인간의 삶의 양식을 넘어서는 삶의 양식이라고 할 수 있

다. 즉 새로운 실재들이다.

이러한 모든 것은 비록 구체적으로 만질 수 없고 볼 수 없는 것이나 모두 우리들의 도덕적인 행위의 한 척도가 되는 새로운 규범들이라고 할 수 있다. 인간은 이렇게 끊임없이 새로운 도덕적인 실재들을 산출하는 것이다. 보다 더 큰 선을 위해서 스스로 자발적으로 새로운 도덕규범을 산출하는 행위가 바로 '자율적 인간'의 진정한 의미인 것이다.

인간은 욕심이 끝이 없는 것인가,
완성을 추구하는 것인가?

1. 전혀 알 수 없는 것은 추구하지 않는다

일찍이 플라톤은 세계와 인간의 현상을 설명하기 위해서 '이데아론'을 고안하였다. 보이는 인간세계의 현상을 보다 근원적으로 설명하기 위해서 생각한 '이데아(idea)'란 '이상적인 것', '완전한 것', '불변하는 것'의 의미를 지니고 있다. 왜 불완전하고 가변적인 현상의 세계를 설명하기 위해서 '이상적이고 완전한 것'을 생각한 것일까? 아마도 그것은 결코 만족함을 모르는 인간현상을 설명하기 위한 합리적인 장치가 아닐까 생각된다.

생각해 보자. 지성을 가진 인간은 그 지성적인 원리에 의해 항상 보다 나은 것을 추구한다. 보다 더 낳은 것을 끊임없이 추구한 결과 학문을 낳고 예술을 낳고 도덕적인 삶을 낳았다. 그리고 과학과 기술문명을 낳았다. 그런데 이를 한 개인의 삶에 견주어 보면 그토록 애써 많은 것을 이룩하였지만 결국 나이가 들면 늙고 죽게 마련이다. 만일 죽으면 모든 것이 끝이 난다면, 죽음이 존재의 절대적인 마침이라면 이러한 인간이성의 더 나은 것을 추구하는 것은 '절대적인 부조리'에 봉착하고 만다. 결국 모든 것이 무(無)로 돌아가 버린다면 왜 그토록 애써 보다 나은 것을 끊임없이 추구한 것일까? 이러한 부조리를 해결하는 것이 '이데아론'이다. 플라톤은 인간의 영혼은 이 세상에 탄생하기 전에 이데아들의 세계인 '아데스(천국)'에서 이데아들과 형제적 관계 속에 살았지만 어떤 이유로 육체를 지닌 이 세상으로 추락하였고, 그리하여 끊임없이 이상적인 것을 동경한다는 일종의 신화를 통해서 인간현상을 이해하려고 하였다. 그리하여 진리에 대한 깨달음이란 이데아들에 대한 기억을 되살린다는 '상기설'을 또한 제기하였다. 물론 이러한 플라톤적 신화를 진실로 믿는 현대인은 아무도 없을 것이다. 하지만 인간은 '인간이상을 추구하는 존재'라는 사실은 부정할 수는 없다. 파스칼은 '인간이란 무한히 인간을 초월하는 존재'라고 했고, 인간학의 창시자인 막스 쉘러도 "인간은 자신보다 더 큰 세계로 열린 X"라고 하였다. '자연종교'

란 이러한 자신을 넘어서고자 하는 인간의 현상이 낳은 문명의 단면이라고 할 수 있을 것이다.

하지만 플라톤의 제자인 아리스토텔레스는 이러한 인간 현상을 다르게 해명하고 있다. 그는 '이상적인 것'이 저편세계에 존재하는 것이 아니라, 구체적이고 실재적인 현실에 존재하는 '개별자'들의 내부에 '본성' 혹은 '형상'이라는 방식으로 가능성 중에 존재한다고 보았다. 이러한 본성의 실현과정을 아리스토텔레스는 '질료-형상론'을 통해 설명하고자 하였는데, 한 생명체에 있어서 '형상'이란 그 생명체를 전체적으로 규정하는 실체적인 원리이다. 기령 소나무를 소나무 되게 하고, 사람을 사람 되게 하며, 나아가 구체적인 '나'이게 하는 총체적인 원리가 형상이다. 이 실체적인 원리로서의 형상을 아리스토텔레스는 '영혼(푸시케, ψυχη)'이라고 지칭하였다. 아리스토텔레스는 하나의 존재가 존재하는 데 있어서 필요한 4가지 형이상학적인 원인을 전제하는데, 형상인, 목적인, 발생인, 질료인이 그것이다. 이중 인간의 영혼은 형상인(形相因)이자, 목적인(目的因)이며, 동인(動因)이라고 생각하고 질료인(質料因)은 '구체적인 육체'라고 보았다. 나의 영혼은 형상인으로서 '내가 타인이 아니고 나인 것'의 원인이며, 목적인으로서 영혼은 '나의 존재가 이것의 실현을 위해' 존재하며, 동인으로서의 영혼은 '나의 행위는 영혼의 의지에 의해서' 유발하게 되는 것이다.

● 아테네 학당에서 철학자들이 논쟁하는 모습들을 그린 시스틴 성당의 벽화 (우상)와 중앙의 두 철학자 플라톤과 아리스토텔레스의 모습(좌). 진리가 이데아의 세계에 있음을 암시하며 손을 하늘로 향해있는 플라톤의 모습과 진리가 개별자들의 본성에 있음을 암시하며 손을 땅으로 향하고 있는 아리스토텔레스의 모습이 각기 그들의 사상적 경향성을 잘 말해주고 있다.

　　따라서 이러한 영혼의 정의에 따라 나의 영혼은 나의 '생명의 원리'가 되는 것이다. 아리스토텔레스는 탄생 시 어린아이의 영혼에는 아무것도 쓰여 있지 않은 '백지'와 같다고 보았으며, 이후 감각과 이성의 인식행위를 통해서 자아라고 할 수 있는 나의 지성(자아의 내용)을 형성해 간다고 보았다. 이러한 지성의 형성 작용은 결국 가능성으로 주어진 나의 영혼을 현실의 삶을 통해서 '구체적인 개별자의 자아'로 형성해가면서 실현되는 것이다. 아마도 인간의 욕망이 결코 만족할 줄 모른다면 그것은 '욕심'이라기보다는 이러한 자아의 실현이 완성에 도달할 때까지 멈추지 않기 때문일 것인데, 완성이라는 것이 사실상 현실에서는 불가능하기 때문이다. 쉽게 말하자면 이상적인 것을 추구하는 것의 원인을 플라톤은 초월적인 곳 (저편세계)에서 추구하였고 아리스토텔레스는 인간의 내부에서 추구하였다.

물론 아리스토텔레스는 이러한 인간의 개별적인 삶이 궁극적으로 어떻게 되는가는 하는 질문에 대해서는 전혀 말해주지 않고 있다. 그는 인간의 영혼은 육체적인 죽음과 함께 개별성을 상실하고 오직 '보편적인 것'만이 남을 뿐이라고 하였다. 이것은 아리스토텔레스가 남긴 마지막 딜레마이기도 하다.

이상의 두 대립뇌는 사상을 하나의 형이상학적 지평에서 종합하고 있는 철학자가 중세의 철학자 토마스 아퀴나스이다. 일반적으로 아우구스티누스를 플라톤 계열의 철학자로 그리고 토마스 아퀴나스를 아리스토텔레스의 사상노선에 있는 철학자로 알려져 있지만, 실상 토마스 아퀴나스는 그리스도교 신학의 보다 보편적인 정립과 철학적인 구성을 위해서 아리스토텔레스의 형이상학적 원리들을 차용하고 있을 뿐 근본적인 사상 노선에 있어서는 큰 차이를 보이고 있다. 그리고 많은 부분 플라톤의 이데아론과 유사한 점이 있다.

토마스에게 있어서 인간의 영혼이 근본적으로 초월적인 세계와 유사성(similitudo) 혹은 근접성을 가지고 있다고 보는데, 이는 '인간은 신의 모습을 닮게 창조되었다'는 성서적 진리에 근거하는 것이다. 즉 인간의 형상으로서의 영혼은 본질적으로 신성한 그 무엇을 '가능성'으로서 혹은 '잠재적으로' 소유하고 있는 그 무엇이다. 하지만 이러한 진리가 오직 믿음에 근거한 것은 아니다. 이는 신성한 그 무엇을 갈망하는 현상 그 자체로부터 형이상학적인 추론을 통해서 알 수 있는 것이다. 즉 인간의 역사에 있어서 가장 지속적이고 가장 큰 영향을 미치면서 존속하는 문화 중 하나가 '종교'일 것인데, 진정한 종교라면 '초월성', '신성함' 등을 추구하고 견지할 것이기 때문이다. 그리고 종교적 양태들 중 가장 이러한 측면이 부각되고 있는 것은 '신비주의'이다. 왜냐하면 신비주의에서 '신비'란 인간의 이성이 완전히 도달할 수 없는 신성한 그 무엇과의 관계성을 의미하며 이러한 신성과의 관계성을 제거해 버리면 신비주의는 성립의 지반조차 가질 수가 없을 것이기 때문이다. '우정을 전혀 알 수 없다면, 인간은 우정이란 것을 추구하지 않을 것'이라고 파스칼이 말한 것처럼, 인간이 무엇인가를 추구하고 갈망한다면 이 추구하는 것에 대한 최소한의 이해나 앎 혹은 이 추구하는 것과의 어떤 관계성을 전재하지 않을 수 없을 것이다. 즉 인간의 본질, 보다 정확히는 인간의 영혼은 바로 이러한 신성한 어떤 것과의 관계성 속에 있기에 이러한 것을 갈망하고 추구하는 것이다.

토마스에게 있어서 '영혼(*anima*)'이란 우선적으로 '생명의 원리'처럼 고려된다. 모든 생명이 있는 곳에 그들의 생명현상의 전체적인 원리로서의 '영혼'이 존재하며, 따라서 식물이나 동물들도 그들의 생명의 원리로서의 '영혼(식물혼, 동물혼)'을 가지고 있다. 하지만 인간에게 있어서 영혼은 식물혼이나 동물혼이 아닌, 지성혼(혹은 이성혼)이다. 이러한 지성혼은 그 자체 하나의 통일된 실체이기에 지성혼이면서 동시에 동물혼이며, 식물혼이다. 즉 인간은 하나의 영혼의 원리로서 보고 느끼며 사유하는 것이다. 물론 이러한 사유는 '한 개별자는 무엇이나 전체적으로 통일된 하나의 원리에 의해서 작용된다'는 아리스토텔레스의 사유를 답습한 것이다. 따라서 동물혼의 원리에 의해 발생한 감각작용은 지성혼의 원리에 의해 발생한 사유와 완전히 분리된 것이 아니다. 인간의 감각작용은 지성적 작용에 참여하는 감각작용이다. 좀 더 문학적으로 말하자면 인간의 감각은 지성적인 감각이요, 지성은 또한 감성적인 지성인 것이다.

감각이란 지성에 대한 불완전한 참여와 같은 것이다.[1]

✎____도움글 3 : 영혼에 대한 철학자들의 견해[2]

중세의 토마스 아퀴나스 : Anima = 생명을 부여하고, 생명현상을 관장하는 원리

A : 전통적인 인간영혼의 개념에 대해 **비판적인 입장**

---

[1] 『신학대전(*Summa Theologiae*)』, I, q. 77, a. 7. ad resp.

* 영혼에 대한 이성의 적법한 논의의 불가능성 : 칸트
* 영혼에 관한 언어들은 학문적인 언어로 환원 불가능
  함 : 비트겐슈타인
* 전통적인 개념의 영혼이란 가공의 것이며, 전혀 실
  재가 아님 : 꽁트

B : 전통적인 인간영혼의 개념과 유사하거나 변형한 경우
* 육체적 실존과 구별되는 정신 혹은 지성과 동일한 대
  상 : 데카르트, 라이프니츠
* 생명을 야기하는(유지하는) 원리로서 지성 혹은 정신
  과 동일한 대상 : 베르그송
* 한 인간의 고유한 개별적 특성을 표상하는 능력 혹
  은 고유성 그 자체 : 헤겔
* 인간의 육체적 행위(특히 도덕적 행위)를 판단 구속
  하는 능력 혹은 원리 : 푸코

즉 인간의 모든 현상들은 하나의 실체적이고 유기체적인 영혼에 의해서 발생하고 영혼에 의해서 완성에로 향하는 것이다. 토마스의 이러한 관점은 아리스토텔레스의 관점과 정확히 일치하는 점이다. 하지만 이러한 영혼의 기원이나 궁극적인 목적이 문제가 될 때 아리스토텔레스의 관점에서는 논리

---

2 본 〈도움글 3〉은 본인의 논문 「생명의 원리로서의 영혼의 이해에 관한 중세의 두 지평」(한국 중세철학회, 중세철학, 제11호, 2005. 12, 분도출판사, pp.197~232)에서 인용한 것임.

적으로 납득할 만한 설명이 전혀 주어지지 않는다. 아리스토텔레스는 이성적 영혼의 기원의 문제에서 ‘외부에서 온다’고 하면서도 그 외부가 어디인지 말하고 있지 않으며, 사후의 영혼은 모든 개별성을 상실한다고 말하고 있는데, 그렇다면 영혼의 모든 노력들이 죽음과 동시에 ‘헛된 것’이 되어버리는 ‘모순된 상황’을 인정하는 셈이 된다. 여기서 토마스 아퀴나스는 플라톤적 사유를 수용하면서 이 두 사상을 종합하고 있다. 그는 인간의 영혼은 결코 물질적인 질료로부터 발생할 수 없다고 보았는데, 그것은 원인은 결과보다 탁월해야한다는 형이상학적 원리에 근거한 것이다. 즉 보다 탁월한 정신적인 것의 원인으로부터 질료적인 것의 발생과 변화가 있는 것이지, 질료적인 것의 자연적 진화를 통해서 정신적인 것이 발생할 수는 없는 것이다. 이러한 관점은 프랑스 생철학자 베르그송의 관점과도 일치하는 관점이다. 즉 진화론자들의 자연적인 진화란 어디까지나 외적인 현상이지, 진화의 본질을 설명하고 있지는 않는 것이다. 그렇다면 이러한 인간의 영혼은 어디에서 기인한 것일까? 그것이 바로 ‘신의 창조’개념이다. 비록 부모의 유전적 생물학적 원인에 의해서 한 인간이 탄생하지만 이는 어디까지나 현상적인 사실일 뿐, 그 본질적인 진실은 아니다. 토마스 아퀴나스는 부모의 혈통이라는 수단을 통해서 매순간 신이 인간의 영혼을 창조한다고 보았다. 이러한 한 생명의 창조를 부모로부터의 유전이라는 과학적 설명의 불충분성은 '천재'나 '성인'과 같은 탁월한 개별성의 존재를 유전적인 이유로 설명할 수 없다는 데서도 드러난다.

요컨대 인간 영혼의 탄생은 '보다 탁월한 지적 존재' 혹은 보다 정확히는 '신의 창조'에 의한 것임을 인정하게 된다면, 우리는 이를 창조하기 전에 신적존재의 지성 안에 창조되는 대상의 '모델'을 가정할 수 있다. 마치 청자를 제작하는 도공의 머리속에 청자의 모델 즉 '이상적인 이미지'가 먼저 존재하는 것처럼 신의 지성 속에 한 영혼에 대한 이상적인 모델 즉 '완성된 형상'이 존재하는 것이다. 신의 지성 속에 있는 이 '이상적인 형상'들이 곧 '이데아'들인 것이다. 이 이데아가 곧 '창조적 원인(causa creationae)', '창조적 형상(forma creationis)' 혹은 '신의 이미지(imago dei)' 등으로 불리는 것이다. 즉 토마스 아퀴나스에게 있어서 인간의 모든 현상들은 그의 본질로서의 '영혼'으로부터 발생하고 완성에로 향하나, 이 영혼자체의 기원과 궁극적인 목적은 바로 신의 지성 속에 있는 '창조적 형상'들인 것이다. 이 창조적 형상들은 인간이 실현해야할 혹은 도달해야할 궁극적인 목적지인 셈이다. 토마스는 인간의 자유의지는 모든 것을 할 수 있지만 이 궁극적인 목적을 철회하거나 바꿀 수는 없다고 한다. 이렇게 하여 토마스 아퀴나스는 아리스토텔레스의 사상과 플라톤의 사상을 종합하고 있는 것이다.

그런데 지성혼의 큰 두 가지 원리는 '이성과 의지'이다. 이성은 참된 것(진리 혹은 진실)을 추구하고 의지는 선한 것(올바른 것, 보다 가치 있는 것)을 추구한다. 이러한 의미에서 토마스 아퀴나스의 사유는 '성선설'을 주장한 동양의 맹자 사상과 유사하다고 할 수 있을 것이다. 왜냐하면 인간은 본성적으로 참된 것과 선한 것을 추구하기 때문이다. 그런데 참(眞)과 선(善)을 추구하는 이성혼의 추구는 어디에까지 갈 것인가? 토마스 아퀴나스는 끝이 없다고 한다. 왜냐하면 이러한 원리가 지향하고 있는 것은 '궁극적인 것'인데, 이러한 궁극적인 것은 이 지상의 삶에서는 주어질 수 없기 때문이다. 인간의 삶의 궁극적인 목적이 이 지상의 선이나 좋은 것에 있지 않다고 하는 것이 바로 대부분의 종교의 근본입장이다. 그래서 실존주의자 가브리엘 마르셀도 인간을 '여행하는 자(*Homo Voator*)'라고 명명한 것이다. 아우구스티누스는 그의 <고백록>에서 "내 영혼이 하느님의 품에서 휴식하기 전에는 결코 진정한 휴식이 있을 수 없다"라고 고백하고 있는데 이 역시 인간영혼의 추구는 절대적인 것, 이상적인 것을 지향하고 있다는 것을 말하고 있다.

2. 사랑 때문에 행복한 것인가, 행복을 위해 사랑하는 것인가?

사랑, 행복을 향한 인간의 의지와도 같은 것

인간이 다른 생명체에 비해 가지는 다른 특성 중 하나는 인간은 본성상 행복하기를 원한다는 것이다. 동물들은 생존을 원하지만 인간은 단순한 생존이 아닌 행복한 삶을 원하는 것이다.

> 모든 인간은 본성상 행복하기를 원한다. 왜냐하면 인간은 이성적인 본성을 가지고 있기 때문이다. 따라서 인간이라면 누구나 행복을 원하지 않을 수는 없는 것이다.
>
> (『대이교도 대전』 4권, 92장)

> 행복은 인간에게 고유한 선(善)이다. 만일 동물에게 이 말을 사용한다면 이는 언어의 남용이 될 것이다. 그런데 인간도 동물도 자신들만의 즐거움을 지니고 있다. 따라서 즐거움과 행복은 같은 것이 아니다.
>
> (『대이교도 대전』 3권, 27장)

동물들은 단지 즐거움 즉 쾌감과 같은 육체적인 선만을 추구하지만 인간은 이와 다른 '행복'을 추구한다. 그렇다면 인간에게 있어서 행복이란 무엇이란 말인가? 토마스 아퀴나스는 인간에게 있어서 행복이란 '고유한 선'을 향유(획득)하는 것이라고 한다. 인간에게 있어서 고유한 선이란 '육체적인 욕구의 성취', '감성적인 만족', '정신적인 좋은 것의 획득' 등이다. 인간이란 이러한 자신의 현 상황에 적합한 선들을 추구하면서 행복을 추구하고 있다. 그런데 행복을 향한 인간의 욕망은 만족이 없다. 그 어떤 인간도 이 지상의 삶에서 완전한 만족 완전한 행복을 획득할 수는 없다. 그래서 중세인들은 이 지상의 삶을 완전한 행복을 향한 '여행'이라고 보았고, 이 영행은 저편세계(천국)에서 주어질 것이라는 믿음을 가지고 있었다. 토마스는 이를 '지복(至福, beatitudo)'이라고 부르고 있다. 하지만 토마스의 지복에 대한 사유는 상당히 실존적인 측면이 있다. 천국을 얻기 위해서 지상의 고뇌를 감수하는 식의 사유가 아니다. 토마스는 성인들의 예를 들면서 성인들은 이미 이 지상에서부터 '지복'의 삶에 참여하고 있다고 하는데, 이는 점진적으로 지복에로 접근해가는 사람만이 지복을 가질 수 있다는 말과 같은 것이다.

> 이성적인 피조물이 현실성으로서 또는 습관으로서 신을 알고 사랑할 때, 신은 특별하게 이성적인 피조물 안에 존재하는 것이다. (…중략…) 바로 이러한 방식으로 신은 은총을 통해 성인들 안에(in sanctis) 존재한다고 말해지는 것이다.
>
> (『신학대전』 1권, 문 8)

인간에게는 이중의 지복이 있다. 하나는 인간의 본성
에 조화를 이루는 것이다. 다시 말해 인간이 그의 본성의
원리들을 통해서 도달할 수 있는 지복을 말한다. 다른 하
나는 인간의 본성을 초월하는 지복이다. 이러한 지복에는
신성으로 참여하는 방식을 따르는 신성한 능력을 통해서
만 도달할 수 있다.

(『신학대전』 1∼2권, 문 62)

인간은 지복을 저편세계에서 획득할 수 있지만 그러나 이
미 이 지상의 삶 안에서 영위할 수 있다. 이 지상에서 획득할
수 있는 지복은 '인간의 본성의 원리'를 통해서 획득 가능한
지복이다. 아마도 그것은 윤리·도덕적으로 완전한 인간 즉 동
양의 '군자'의 개념과 유사한 것이다. 물론 이러한 본성과의
조화를 이룬 지복은 그 자체 궁극적은 목적은 아닐 것이다.
스페인 속담에 '천국으로 가는 길, 그 길이 곧 천국이다'는 말
이 있다. 즉 인간에게는 순수하게 인간적인 삶을 통해서 점진
적으로 신성하고 초월적인 세계에로 나아가는 삶이 허락된
것이다. 아우구스티누스는 신성한 것을 추구하는 것과 '내적
인 것'을 추구하는 것을 동일시하면서 '신성한 것'을 추구하
는 자는 필연적으로 '외적이고', '감각적인 것'을 멀리해야만
한다고 생각하고 있다. 하지만 토마스 아퀴나스는 '은총도 자
연의 법칙을 따라서 온다'고 생각하며 인간의 자연적 본성에

서 주어지는 모든 것을 '지복'에로 나아가는 수단처럼 생각하였다. 이는 토미즘의 인간주의적인 측면이라고 할 수 있을 것이다.

인간은 개별적이고 불완전한 행복들 즉 작은 행복들을 통해서 점차 보다 크고 완전한 행복 즉 지복에로 나아가는 여정에 있는 것이다. 그러나 분명한 것은 이러한 여행의 종착점은 분명 신(神)일 수밖에 없다. 왜냐하면 지복(至福)은 오직 신에게서 비롯되기 때문이다. 아마도 순수하게 철학적인 사유로 보자면 이러한 지복에 대한 사유는 지나치게 낭만주의적인 사유이거나 도무지 비-이성적인 사유라고 비판할 수두 있을 것이다. 하지만 "철학자는 일체의 종교의 조건을 비판할 수 있지만, 체험된 종교에는 손을 대지 않는다"고 종교철학자 <앙리 뒤메리>가 말하듯 이러한 지복에 대한 논의는 사실상 철학적 지평을 넘어서는 것이다. 이는 어디까지나 체험의 영역이며, 체험된 성인들의 실존적인 삶으로서 다루어야 할 문제일 것이다. 철학자가 이에 대해 말할 수 있다면 그것은 '초월성'이라는 보편적인 지평 안에서 이러한 초월이 어떻게 가능한가 하는 형이상학적인 논의여야 할 것이다.

그런데 인간 속의 무엇이 인간으로 하여금 이러한 행복을 추구하도록 내미는가?

그것은 곧 사랑이다.

사랑은 두려움, 기쁨, 욕망, 그리고 슬픔으로도 불린다. 이는 사랑이 이러한 정염들과 같기 때문이 아니라, 사랑이 이들의 원인이 되기 때문이다.

(『신학대전』 1~2권, 문 26)

사랑으로부터 욕망, 슬픔, 기쁨 등 모든 정념들이 발생한다. 그러기에 하나의 열정이나 정념으로부터 발생하는 모든 행위는, 제일 원인으로서의 사랑으로부터 발생하는 것이다.

(『신학대전』 1권, 문 28)

토마스 아퀴나스에게 있어서 '사랑'이란 남녀 간의 이성적인 사랑이나 타인을 위한 헌신을 의미하는 아가페적 사랑을 의미하는 것도 아니다. 이 모든 것이 사랑이겠지만 그러나 사랑의 우선적인 의미는 그것이 무엇이건 '무엇을 갈망하는 힘(의지)'처럼 나타난다. 무엇을 의지하는 혹은 갈망하는 것을 욕구(*appetitus*)라고 한다면 이 욕구가 인간의 실존적 상황에 따라서 다양하게 나타나고, 따라서 다양한 사랑이 나타나는 것이다. 아래 도표에서 알 수 있듯이 모든 사랑들은 사실상 하나이며 근본적으로 동일한 사랑이 그 대상이나 목표를 달리하며 다양한 형상으로 나타나는 것에 불과하다. 그러기에 토마스에게 있어서 인간의 가장 근원적인 행위의 원인이 '사랑'이요, 이는 마치 인간실존의 지반과 같이 나타난다.

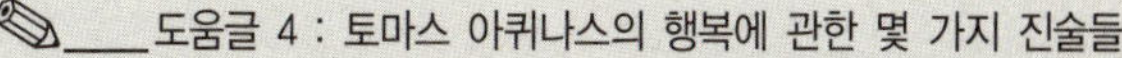

과도한 쾌락이 인간을 망칠 수도 있다. 따라서 인간에게 고유한 선(善)은 쾌락이 아니라 기쁨이다.

(『대이교도 대전』 3권, 27장)

사실상 인간은 부자가 되기 위해서 부를 추구하지는 않는다. 다른 어떤 것을 위해서 부가 필요한 것이다. 부(富) 그 자체에는 사실 어떠한 선도 포함되어 있지 않다. 다만 우리는 부를 다른 선을 위해 사용하는 것일 뿐이다. 따라서 부가 그 자체 행복을 의미하는 것은 아니다.

(Ibid., 3권, 30장)

우리는 어떤 사람한테서 그 사람이 지니고 있는 어떤 선(善) 때문에 명예를 부여하며, 그 사람 자체 때문에 명예를 부여하는 것이 아니다. 따라서 명예란 그 자체 행복을 주는 것이 아니다.

(Ibid., 3권, 28장)

악한 이들도 명예를 가질 수는 있겠지만, 악한 사람이 행복할 수는 없다.

(Ibid.)

덕(德)은 인간을 행복의 길로 안내한다.

(Ibid.)

인간의 최고의 행복은 개별적인 다양한 행복들을 통해서 획득되지는 않는다. 최고의 행복은 인간 이상의

> 것이기 때문이다.
>
> (Ibid.)
>
> 완전한 행복은 완전한 선을 소유하는 것을 말하는 것이다.
>
> (『신학대전』, 1~2권, 문5)
>
> 인간은 오직 신을 아는 것에 있어서만 그의 최상의 행복을 발견하기 때문에, 이 지상의 삶 안에서는 그의 최상의 행복을 발견하지 못한다고 결론을 내려야만 한다.
>
> (『대이교도 대전』 3권, 48장)
>
> 인간의 최고의 행복은 가급적 신을 닮고자 하는 데에 있다.
>
> (Ibid., 3권, 33장)

만일 성경의 진리가 '인간은 신을 닮았다'는 것이라면, 이는 토마스에 의해서 '인간적 행위의 모든 것은 사랑에서 비롯한다'는 명제로 환원될 수 있다. 왜냐하면 신은 곧 사랑이기 때문이다. 그런데 인간존재의 지반과 같은 이 사랑은 그 자체 신을 닮은 것이기에 신적인 것으로 변모하기 이전에는 진보하기를 멈추지 않는다. 즉 사랑은 사랑의 그 속성에 의해서 완전한 사랑이 되고자 하는 것이다. 그런데 이 사랑이 올바른 방향을 상실할 때 사람들은 '인간의 욕심은 끝이 없다'고 하

는 것이다. 실상 인간의 욕심이 끝이 없다는 말은 인간은 본
성상 '완전한 것' 즉 '절대적인 것'을 추구하게 되어 있다는
말의 다른 표현이다. 다만 사랑이 진보의 올바른 방향 속에
있다면 '완성'을 추구하는 것이요, 올바른 방향을 상실한다면
'욕심'에 사로잡혀 있는 것이 되는 것이다.

• 도표 1 : 『신학대전』 I-II(q. 26)에서 분류되는 욕구들(appetitus)과 사랑[3]

	다양한 국면들	그 정의들	사랑의 형식
발생의 질서 ↓ 사랑은 인간실존의 모든 수준에 있어서 운동의 원리(동인)이다.	①자연적 갈망	창조주에 의해서 **각각의 피조물들의 본성 안에 주입된 욕구들** : ex. 목마름 배고픔 등. 이들은 주체의 인식을 수반하지 않는 본능적인 욕구들이다.	생존의 원리이며 **자연적인 사랑**
	②감성적 갈망	감각적인 통찰들을 통해서 깨어난 욕구들. 이들은 동물들에게 있어서 자유로운 판단을 동반하지 않는 필연적인 것이다. 반면 인간에게 있어서는 이성의 참여가 동반된다.	아름다움의 원리인 감각적 혹은 **감성적 사랑**
	③지성적 갈망	자유로운 판단으로부터 발생하는 욕구들이다. 아리스토텔레스의 용어로 '반성된 욕구'이다. 이러한 욕구는 앎을 전제하며, 일반적으로 사람들은 **이성적 혹은 지성적 욕구란 의미로 '의지'**라고 부른다. (단체가입, 정치적 노선선택 등)	선의 원리인 **지성적 사랑**(amoro)
	④영성적 갈망	신성한 것에 대한 사랑에 의해서 깨어난 욕구들. 이들은 인간의 자연적인 속성들처럼 주어진 것은 아니다. **특정한 정서적 능력**(affectus) **−영적인 아름다움 혹은 선에 대한 명상−에 의해서 산출된 현상**이다. 즉 신성한 것과의 공동본성처럼 간주된다. *Caritas*는 모든 다른 사랑들의 형상으로서 다른 모든 사랑의 어머니요 뿌리가 된다.	영적인 사랑 혹은 종교적 사랑(*caritas*)

---

[3] 본 도표는 본인의 논문 「토마스 아퀴나스 / 완전한 사랑은 가능한가?」(『신학과 철학』, 서강대학교 신학연구소, 제13호, 2008, pp.249~273)에서 인용되었음.

　따라서 끊임없이 보다 나은 것 혹은 이상적인 것을 추구하는 것은 사랑하고자 하는 인간의 자연적인 본성에 의한 것이며 지극히 인간적인 것이다. 그런데 이러한 이상적인 것을 추구하는 인간이 궁극적으로 목적하고 있는 것은 사랑의 궁극적인 대상 곧 '신(神)'인 것이다. 우리는 전혀 모르는 것을 추구할 수는 없다. 인간이 본성적으로 이상적인 것을 추구한다면 이는 인간이 본성적으로 불완전하게나마 이상적인 것을 알고 있다는 것이 된다. 이는 달리 말해 인간은 불완전하지만 신의 존재를 알고 있고, 무의식중에나마 신을 추구하고 있다는 것을 의미한다. 그래서 인간이 무엇을 갈망한다는 것, 즉 무언가를 사랑하고자 하는 본성적인 행위는 그 자체가 '인간은 본성적으로 신을 갈망하고 있다'는 말로 환원할 수 있는 것이다.

사랑은 자유를 전제한다.

　사랑이 진정한 사랑인 한 자유를 전제한다는 것은 상식적인 것이다. 아무도 이를 부정하지 않을 것이다. 누구도 내가 어떠한 것을 사랑해야하는지, 누구를 사랑해야만 하는지를 나대신 말해줄 수는 없다. 내가 사랑해야하는 것, 내가 사랑해야 할 사람은 오직 나 자신에게 달려있다. 그런데 이러한 상식적인 사실이 우리에게 말해주는 의미는 무엇일까? 즉 왜 인간은 사랑하는 대상을 스스로 선택하지 않으면 안 되며,

왜 자유를 전제하지 않는 사랑은 진정한 사랑이 될 수 없는 것일까?

　이러한 질문에 대답하는 토미즘의 답변을 이해한다는 것은 토미즘의 '페르소나(인격, *persona*)'의 개념을 이해하는 것이 된다. 토미즘에서 '인격'의 개념은 오늘날 일상적으로 사용하고 있는 한 개인의 인간됨이나 윤리적 덕을 갖춘 상태 등을 의미하는 것이 아니라, 한 개인의 개별성을 유발하는 지반 혹은 개별성 그 자체를 의미한다. 즉 인격이란 '나'를 '나'이게 하는 가장 심오한 나의 본성 혹은 형상을 말하기도 하며, 다른 모든 존재와 구별되는 절대적인 '개별자로서의 나'를 의미하기도 한다. 사실상 '인간의 영혼은 오직 신만이 창조할 수 있다'는 토미즘의 진술은 이러한 '인격'의 개념으로부터 필연적인 것이다. 왜냐하면 앞서 말한바 있듯이 탄생과 동시에 모든 것으로 구별되는 유일한 나의 '개별성'의 근원을 부모의 생물학적인 것으로 설명할 수는 결코 없기 때문이다. 나의 개별성은 이 세상에 존재하는 그 무엇과도 구별되는 것이어서 이 개별성의 근원은 이 세상 그 어떤 것에서도 주어지지 않기 때문이다.

　그런데 토마스 아퀴나스는 "태아의 영혼은 아무것도 쓰여 있지 않는 백지와도 같다(『신학대전』, 1권 75장)"라고 진술하고 있다. 만일 인간의 영혼이 자신을 전체적으로 규정하는 '실체적인 형상'이라고 한다면, 어떻게 아무것도 쓰여 있지 않는 영혼을 두고 모든 것과 구별되는 개별자라고 할 수가 있는 것일까? 그것은 영혼은 개별적인 내용을 지니고 있는 것이 아니라, 개별적인 원리를 지니고 있기 때문이다. 가령 사람들은 동일한 새소리를 듣고 '아름답다'고 느끼기도 하고, '구슬프다'고 느끼기도 한다. 마찬가지로 동일한 음식을 맛보며 '맛있다'고 느끼기도 하고 '쌉쌀하다'고 느끼기도 한다. 이처럼 인식이라는 것이 모든 사람에게 동일하지 않다는 것은 각자는 자신만의 인식, 정확히는 자신의 전 존재로서 느끼고 맛보고 하기에 타인과 동일하지 않는 것이다. 이러한 나의 '존재의 다름'이 어디서 기인하는 것일까? 그것은 곧 애초에 내 영혼이 다른 모든 사람들과 다른 개별적인 영혼(형상)이기 때문인 것이다. 이러한 것이 토마스 아퀴나스가 생각하는 '영혼의 개별성'의 의미이다.

여기서 우리는 중세철학에서 중요한 비중을 지니고 있는 '지성 단일성 논쟁'[4]에 대해서 잠시 언급해보자. 중세 철인들에게 있어서 인간의 영혼(지성혼)이 영혼인 한 모든 사람에게 동일하다는 '영혼의 보편성' 개념과 모든 인간은 각기 다른 개별적인 영혼(지성혼)을 가진다는 '영혼 개별성'의 개념은 첨

---

[4] 이 주제가 당시 매우 중요한 의미를 지니고 있었다는 점은 토마스 아퀴나스가 『지성 단일론』이라는 저서를 따로 단행본으로 저술하였다는 사실만으로 충분히 알 수 있다. 그의 대부분의 중요 저술은 〈대전〉 형식으로 저술되었고, 중요 저술 중 단행본으로 저술된 것은 『존재와 본질』 그리고 이 『지성 단일론』 뿐이다.

예하게 대립되었다. 전자는 주로 아랍계열의 '아베로이스트'
학파들에 의해서 주장 되었고 후자는 주로 토미스트들에 의
해서 주장 되었다. 인간의 지성이 모두에게 보편적이라는 주
장은 '인간은 수학적 진리나 기하학적 진리를 인식함에 있어
서 모두가 동일하게 인식하는 지적 인식의 보편성'에 근거하
여 주장되었다. 이 경우 모든 인간의 영혼은 동일하지만 그의
감각적 육체적 특성으로 다양한 개인이 존재할 뿐이다. 하지
만 토마스 아퀴나스는 이러한 지적인식의 보편성에 대해 영
혼이 보편적인 것이 아니라, 영혼이 자기 내면에 보편적인 것
을 인식할 수 있는 어떤 인식의 원리를 가지는 것이며, 영혼
자체가 보편적인 것은 아니라고 반박하고 있다. 가령 사람들
이 사각형의 나무통을 볼 때 모든 사람들이 동일하게 하나의
면이 4각이나 4변을 가지고 있다는데 대해서 그리고 네 각의
합이 360°라는 사실 등에 대해서는 보편적으로 인식할 수 있
지만, 이 사각형의 나무통이 모서리가 무디다거나 날카롭다거
나, 아니면 나무통이 너무 약하다거나, 색깔이 은은하다거나
하는 등의 인식은 모두에게 동일하지 않다는 것이다. 이는 말
하자면 인간이 '나무통'이라는 것을 인식할 때는 하나의 개체
로서의 '이 나무통' 혹은 '저 나무통'을 인식하는 것이지, 그
나무통의 각이나 면 혹은 색깔 등을 따로 떼어내어 인식하지
않는다는 것이다. 이러한 인식의 '종합적 특성'은 근대철학자
인 칸트에 의해서도 잘 해명되고 있다. 이러한 인식의 종합성

은 결국 인간의 인식은 '감성혼'과 '지성혼'이 동시에 인식한다는 말이며, 이를 다른 말로 하자면 하나의 영혼은 감성혼이면서 동시에 지성혼이라는 것이다. 즉 인간의 영혼은 그 자체 '지성혼'이며 이 지성혼이 '감성혼'과 '식물혼'을 모두 포함하고 있는 것이다. 즉 단적으로 개별적으로 인식하는 인간의 영혼은 그 자체 개별적인 것이다. 그러기에 토마스는 '그것을 통해서 소크라테스인 원리는 또한 그것을 통해서 인간인 원리이며, 그것을 통해서 동물인 원리이며 나아가 그것을 통해서 생명체인 동일한 하나의 원리'라고 말하는 것이다.

이처럼 하나의 영혼은 그 자체 자신의 존재를 전체적으로 규정하는 실체적인 영혼이며, 개인이 있는 만큼 개별적인 영혼이 있는 것이다. 물론 이러한 토마스의 논의에는 그리스도교의 교의에 일치하고자하는 노력도 엿보이고 있다. 그것은 사후에 있을 최후의 심판에 관한 것이다. 즉 만일 인간의 지성혼이 보편적인 것이라면, 그리하여 육체의 소멸이후에 모든 영혼들이 보편적인 것으로 환원되고 모든 개별성이 보존되지 않는다면 이러한 동일한 영혼들에 대해서 '심판'이란 있을 수가 없기 때문이다.

토미즘에 있어서 한 개인의 인격이란 지상에서 하나 밖에 없는 유일무이한 것이며, 그 근본적인 원인은 그 영혼이 하나 밖에 없는 유일무이한 것에 있다. 사실상 이러한 사유는 현대 유신론적인 실존주의자들에 있어서도 강하게 부각되는 사유인데 '루이라벨'은 "만일 내가 오늘 죽게 된다면, 그럼에도 세상은 잘 돌아갈 것이며, 사람들은 아무런 아쉬움을 느끼지 못하고 잘 살 것이다. 그럼에도 이 세상에는 그 누구도 흉내 낼 수 없는 유일무이한 하나의 존재를 상실하게 될 것이다"라고 하였다. 인간의 자유의지가 가장 그 본래적인 의미를 가지게 되는 것은 바로 이러한 인격의 개별성에 있다. 우리는 나의 선택이나 행위의 원인이 나의 바깥에 있지 않고 오직 나 자신의 내적인 원인으로 행해질 때 완전한 자유의지로 행하였다고 말한다. 그리고 사람들이 배우자나 종교 나아가 직업을 선택할 때는 이러한 자신의 완전한 자유를 가장 중요한 조건으로 고려하고 있다. 왜 그런가? 그것은 나의 완전한 자유만이 고유한 나의 존재, 고유한 나의 삶을 보장하기 때문이다. 나의 완전한 자유가 중요한 의미를 가지는 것은 곧 이러한 자유의지가 신이 나에게 부여한 나의 존재의 유일성(인격의 유일성)에 근거하기 때문이다. 즉 그것이 어떠한 것이든 오직 나의 절대적인 자유의지에 의해서 행해진 것은 곧 '유비적으로 말해' 신의 뜻에 따라서 행해진 것이기 때문이다. 왜냐하면 나의 존재 혹은 나의 개별성을 준 자가 바로 신이기 때문이다. 바로 이러한 이유로 순수한 자유의지에 의한 선택일 때 그것이 무엇이건 '소명' 즉 '부르심'이라고 할 수 있는 것이다. 모든 부르심은 그 자체 신성한 것이다. 토미즘에 있어서 인생이란 부르심에 대한 지속적인 응답과 같은 것이다. 그러기에 인간의 삶에 있어서 나의 절대적인 자유를 전제한 어떤 행위는 그 자체 신성한 어떤 것이다. '남녀 간의 사랑'이나 '결혼'이 신성한 것인 이유가 있다면 이 사랑과 결혼이 오직 나의 절대적인 자유의지에 의해서 선택되기 때문이다.

역사상 내면의 부름을 따라가며 오직 '자기 자신의 고유한 존재'를 실현하고자 한 많은 사람들이 있다. 모든 성인들이 사실 이러한 사람에 해당한다고 볼 수 있다. 루이라벨은 『성인들의 세계』에서 "성인이란 자기 자신의 존재를 절대에 까지 실현한 사람들"이라고 규정하고 있다. 하지만 우리는 성인이 아니라도 이러한 자기 자신을 극단적으로 실현하고자 한 사람들을 많이 볼 수 있다. 그들은 모든 세상의 비판이나 조롱에도 굴하지 않고 자신의 예술세계를 완성한 예술가들이다. 우리가 창조라고 부를 수 있는 것이 '그 자신만의 고유한 어떤 것'을 실현하는 것이라고 한다면 이 자신만의 고유한 어떤 것의 궁극적인 원인은 곧 신(神)인 것이다. 그래서 토마스 아퀴나스는 모든 것 안에서 '가장 내밀하고 가장 심오한 것은 곧 존재이다'라고 한 것이다. 이 존재는 유비적으로 말해 곧 신이다. 신만이 존재를 창조할 수 있기 때문이다.

하지만 이러한 토마스의 견해가 '변신론'이나 '호교론'의 입장을 대변하는 것이라고 생각하지는 말자. 왜냐하면 인간의 개별적인 인격이 그 자체 절대적인 존재라고 해서 그리고 이 존재를 신적인 것과 관련 지워 생각한다고 해서 '변신론'이나

● 고흐

인상주의의 대가이며 800여 점이라는 많은 그림을 그렸다. 그 많은 그림들 중 생전에 팔린 그림은 단 1점뿐이었다. 그의 그림은 당시 한 끼 식사와 바꿀 정도로 그 가치를 인정받지 못했다. 하지만 오늘날 그의 그림은 가장 위대한 그림들 중에 꼽히고 있다.

● 고갱

34살에 성공한 금융가로서의 직업을 버리고 그림 공부를 시작하여 인정받는 화가가 되었다. 하지만 후일 새로운 화풍을 창조하였을 때 당시 파리의 화단이 비핀히자 아프리카의 아이티 섬으로 떠났고, 평생 그곳에서 그림을 그리며 살았다. 사람들은 그의 화풍을 후기인상주의라고 명명했다.

● 에디슨

초등학교 4학년 때, 남들이 이해할 수 없는 이상한 질문들을 하였고 알수 없는 것에 대해서만 관심을 가지고 있었기 때문에 저능아라는 오명을 안고 자퇴해야 했다. 그는 이후 한 번도 공교육을 받아 본 적이 없었지만 세계에서 가장 위대한 발명가로 존경받고 있다.

● 부르크너

그가 작곡에 몰두한 이후 평생을 산중에서 오두막을 짓고 마치 수도자처럼 살았다. 그는 자신의 9번 교향곡을 10년 동안 작곡하였으나, 완성하지는 못하였다. 그럼에도 역사상 가장 긴 교향곡이 되었다. 하지만 당시는 알 수 없는 음악이란 평을 들었고, 후일 베토벤을 능가하는 교향곡으로 인정받았다.

● 칸딘스키

추상화의 선구자 였으나, 처음에 그의 그림은 그림도 아니다, 미친 사람의 그림이다는 평을 받았다. 그리하여 그는 다시 대학에 입학하여 자신의 그림을 학문적으로 해명해줄 이론을 모색하였고 이후 그의 저서들을 통해 추상화의 선구자로 인정받게 되었다.

'호교론'을 말한다고 할 필요는 없기 때문이다. 오히려 우리는 인간의 존엄성의 차원에서 바라보고 해석할 수도 있다. 즉 인간은 그가 절대적인 개별적인 인격을 가지고 있다는 이유만으로 절대적으로 존엄하다는 것을 말하는 것이다. 만일 이러한 인격의 개념을 신 존재와 연결시키는 것의 긍정적인 차원이 있을 수 있다면, 그것은 현대철학이 이러한 개인의 절대성을 말할 때 이 절대적인 것이 이성의 상대성을 넘어서는 것이라는 점에서 일종의 '막다른 골목'을 제시하는 것이며, 신적인 것과의 관계성을 통해 이해하는 중세의 존재개념은 현대철학자들에게 이러한 '막다른 골목'을 넘어서고자 하는 영감을 제공하는 것이다. 즉 모든 것을 신 존재의 개념과 연관시켜 사유하는 중세특유의 관점은 '절대', '무한', '완전함' 등의 이성의 상대적 지평을 넘어서고자 하는 모든 형이상학에 상대적이라는 막다른 골목에서 하나의 '출구'를 암시하는 빛이 될 수 있는 것이다.

형이상학적 갈망은 공허한 것인가?

형이상학이란 무엇인가? 형이상학이란 '인간조건에 대한 탐구', '인간의 자아에 대한 탐구', '세계관의 탐구' 그리고 '존재에 대한 탐구' 등을 말한다.[1] 그런데 여기서 하나 첨가하고자 한다면 그것은 '초월적인 것에 대한 탐구'라고 할 수 있다. '초월적인 것에 대한 탐구'란 이성의 논리나 과학적인 분석 등으로는 결코 도달할 수 없는 질문들에 대한 추구를 말한다. 일반적으로 이 초월성은 종교적인 실존이 가능하기 위한 조건과도 같다. 즉 종교적인 실재에 대한 질문을 철학적으로 던진다면 그것이 곧 형이상학적인 질문이 되는 것이다. 여기엔 '세계나 인간의 시작과 마침'에 대한 질문, 그리고 그들의 존재이유, 절대나 무한에 대한 추구 등이 있을 수 있다. 그리

---

[1] 2장 〈도움글 2〉 참조.

고 일반적으로 '근원적인 것' 혹은 '궁극적인 것'에 대한 모든 질문들은 이 질문들이 구체적인 정답이 존재할 수 없다는 의미에서 형이상학적인 질문인 것이다.

1. 궁극적인 행복은 욕심인가, 희망인가?

'철학의 시작이 어디에서 출발하는가?'하는 질문은 오래된 질문이지만 항상 철학자들에게 새로운 영감과 사고의 출발점을 제공하고 있다. 이 질문에 대한 답은 사상과 세계관 혹은 인생관에 따라서 달라질 것이며, 어떠한 대답도 정답일 수도 오류일 수도 없을 것이다. 만일 우리가 경험적 사실로서 이를 확인해 보고자 한다면 애초에 처음 철학을 시작한 철인들에게 있어서 주요 관심사가 무엇인지를 살펴보면 될 것이다. 일반적으로 최초의 서양 철학자들은 '밀레투스학파'라 불리는 그리스 철인들이다. 탈레스, 피타고라스, 헤라클레이토스, 파르메니데스, 데모크리토스 등이다. 그렇다면 이들이 관심을 가졌던 것은 무엇이었을까? 이들은 무엇으로 철학이라는 것을 시작하였던 것일까? 그것은 바로 '근원적인 것'에 대해 알고자 한 것이었다.

탈레스는 이 우주의 모든 것이 사실상 하나의 근원에서 비롯된 것이라고 생각하였으며, "모든 것의 근원은 물이다(형이

 토마스 아퀴나스에게 듣는 인간학의 지혜

상학 1권, 2장)"라고 말하였고, 인류 최초의 수학자라고 할 수 있는 피타고라스는 "만물의 원리는 수(數)이다"라고 하였다. 반면 헤라클레이토스는 모든 것은 고정되어 있지 않고 끊임없이 변화한다고 생각하면서 만물의 최초의 원리는 '생성'이라고 생각하였다. 반면 '존재'라는 개념을 처음으로 사용한 파르메니데스는 존재가 모든 것의 근원이요 원리인 것처럼 생각하였는데, 그는 진리란 무엇인가라고 묻는 제자에게 "있는 것은 있고, 없는 것(無)은 없다. 이것이 진리이다"라고 하였다. 그는 '애초에 이것 혹은 저것들이 존재하기 이전에 존재한 것이 곧 존재이며 이 존재들의 결합을 봉해시 이것이 되고 저것이 되었다'고 생각하였는데, 인간의 사유 역시도 마찬가지라고 생각하였다. 원자론의 창시자라고 할 수 있는 데모크리토스는 모든 것은 더 이상 나눌 수 없는 작은 입자인 아톰(Atom, 나눌 수 없는 것)으로 구성되어 있다고 생각하였는데, 이러한 생각으로부터 "우리가 감각하는 것은 객관적인 실재가 아니다. 다만 자연의 원문을 주관적으로 해석할 뿐이다"라는 유명한 말을 남겼다.

존재하는 모든 것들의 최초의 원리(프린시피아)나 이들을 이루는 근본적인 물질 즉 원질(아르케) 등에 대한 사유는 이들이 경험적으로 확인할 수 있는 것이 아니라는 점에서 형이상학적인 것이며, 따라서 철학은 형이상학적인 질문들을 통해서 시작되었다고 할 수 있다. 물론 다분히 공리주의나 실증주의에 사로잡힌 현대의 대중들에게는 이러한 사유가 비-실용적인 것이며, 아무런 도움도 주지 않는 공허한 생각이라 여겨질 수도 있을 것이다. 하지만 천문학이 수천만 광년 떨어진 어떤 별에 대해 관찰하거나 우주의 중심에 어떤 일이 발생하는지 관찰하는 것도 사실상 실용적이지 않는 학문이기는 마찬가지다. 이러한 학문들은 모두 근원적인 것에 대한 앎의 욕구에 답하는 학문들이라고 보아야 할 것이다. 즉 인간은 빵만으로 살수 없으며 무엇을 알고자 하는 욕구에 충족해야하는 존재라는 진리로부터 근거를 가지는 학문들이다.

최초의 철학이 근원적인 것에 대한 탐구에서 출발하였다고 한다면, 반면 그 이후의 철학적 관심은 '근원적'인 것과 더불어 '궁극적인 것'에 대한 관심으로 옮겨간다. 보다 학문적의미의 철학을 시작한 플라톤이나 아리스토텔레스에 있어서 가장 부각되는 점이 바로 이 궁극적인 것이다. 아리스토텔레스는 '궁극적인 것'이란 목적론의 목적계열에서 보다 뒤에 나오는 목적이 보다 앞에나 오는 목적보다 '궁극적인 것'이라고 하였다. 가령 수험생들이 열심히 공부하는 목적이 좋은 대학에 입학 하는 것이라면, 좋은 대학에 입학하는 목적은 또한 좋은 직업을 가지기 위한 것이다. 이 경우 좋은 직장을 가지는 목적은 좋은 대학에 입학하는 목적보다 더 궁극적인 목적인 것이다. 따라서 단적으로 '궁극적인 것'이란 '최종적인 것'을 의미한다.

플라톤에게 있어서 인간적 삶의 궁극적인 목적은 무엇인가? 그것은 '이데아의 세계'로 나아가는 것이다. 플라톤은 다소 신화적인 비유를 통해서 인간의 영혼은 원래 '아데스(이데아들의 세계 혹은 천국)'에 존재하였으나 어떤 이유로 이 지상으로 추방되어 육체 속에 갇힌 삶을 살아야 한다고 보았다. 그리고 영혼들의 궁극적인 목적은 다시 자신의 고향으로 돌아가는 것이라고 보았다. 물론 이러한 비유가 '이상적인 것'에 대한 추구를 결코 포기하지 않는 인간행위에 대한 은유적인 표현인지 아니면 진실로 이데아적인 세계가 존재한다고 믿었는지 알 수 없지만, 플라톤이 말하는 궁극적인 것은 이 지상에서 주어질 수 있는 것은 분명 아니라고 할 수 있으며, 우리는 이러한 것에 대한 추구를 인간만이 가진 형이상학적인 갈망이라고 할 수 있다. 반면 '이데아'의 존재를 믿지 않았던 아리스토텔레스는 인간의 궁극적인 목적은 '행복'이라고 하였다. 물론 이러한 행복이 어디에 기인하는가에 대해서는 '영원한 것들을 관조하나 명상'의 차원에서 주어진다고 하였다. 하지만 인간이 궁극적으로 관조해야할 이러한 '영원한 것들'이 무엇인지는 구체적으로 말해주지 않고 있다. 이러한 궁극적인 것에 대한 질문은 이후 '플로티노스'에서는 보다 종교적인 색체를 띄게 되었는데, 그는 모든 인간의 궁극적인 목적은 '일자(神)와의 합일'에 있다고 보았다. 그는 모든 영혼들은 神(一者)에게로부터 나와서 신에게로 다시 돌아가는 운명을 가지고 있으며, 지상의 삶이란 신에게로 돌아가기 전의 잠시 머무는 '소풍의 삶'처럼 생각하였다. 플로티노스의 다소 詩적인 이러한 세계관은 이후 중세철인들에 의해서는 보다 논리적이고 체계적으로 정립되었는데 그것이 곧 그리스도교 철학을 의미하는 중체철학이다. 사실상 '구원의 문제'라는 종교적인 문제는 철학적으로 보자면 인간의 '궁극적인 목적'에 관한 문제인 것이다.

다른 모든 중체철학자와 마찬가지로 토마스 아퀴나스 역시 세계와 인간의 기원에 대해서는 '창조론'을 인정하고 있다. 즉 존재하는 모든 것의 근원은 신(神)이라는 것이다. 세계를 창조한 이러한 유일신의 존재는 엄밀하게 말해 그리스도교의 유산이지만 그러나 철학사에는 이미 중세철학에 앞서 이러한 창조적 신의 존재를 암시해 주고 있다. 가령 희랍철학자인 '디오게네스'는 『신의 본성에 관하여』에서 "영혼은 볼 수 없으나, 그 작품을 보고 알 수 있다. 이렇게 신(神)도 인식하는 것이다"라고 말하고 있는데, 여기서 신의 작품이란 말할 것도 없이 이 세계이다. 즉 세계의 놀라운 조화와 균형 그리고 통일성 나아가 정교한 자연법칙 등을 보고 그것을 설계하고 만든 자를 알 수 있다는 것이다. 토마스 아퀴나스에게 역시 신의 창조는 세계의 존재 그 자체에 대한 답변으로 주어지는 것이다. 즉 세계가 존재하는 것이 단순히 '우연'이 아니라 '원인'을 가정한다면 바로 이 원인으로서의 '어떤 것'을 신(神)으로 명명한다는 것이다.

> 신은 존재하는 모든 것의 첫 모델이다.
>
> (『신학대전』 1권, 질문 44, 3.)

> 분출된 모든 것은 보편적인 원인으로부터 발생한다.
> 이 보편적인 원인이 신(神)이다.
>
> (『신학대전』 1권, 질문 45, 1.)[2]

즉 창조론에 대한 토마스 아퀴나스의 생각은 다른 모든 그리스 철학자들과 마찬가지로 근원적인 것에 대한 형이상학적인 사유의 한 결과로 볼 수가 있는 것이다. 그런데 여기서 다음과 같이 질문해 볼 수 있다. 즉 왜 인간은 이러한 근원적인 것에 대해서 관심을 가지는가? 무엇이 인간으로 하여금 이러한 세계나 인간의 기원에 대해서 질문하고 답을 구하도록 내미는 것일까? 그것은 다름 아닌 인간의 본성 그 자체라고 토마스는 생각하고 있다. 아리스토텔레스와 마찬가지로 토마스 아퀴나스는 일종의 현상학적인 방식으로 자신의 사유를 진행하고 있는데, 그 출발점은 행복에 대한 인간의 추구에서 시작하고 있다. 토마스는 인간이 가지는 다른 모든 생명체와 다른 점을 '인간은 본성상 행복하기를 원한다'는 데서 발견하고 있다.

---

[2] "emanatio totius a causa universali, quae Dus est."

모든 인간은 본성상 행복하기를 원한다. 왜냐하면 인
간은 이성적인 본성을 가지고 있기 때문이다. 따라서 인
간이라면 누구나 행복을 원하지 않을 수는 없는 것이다.

(『대이교도 대전』 4권, 92장)

행복은 인간에게 고유한 선(善)이다. 만일 동물에게 이
말을 사용한다면 이는 언어의 남용이 될 것이다. 그런데
인간도 동물도 자신들만의 즐거움을 지니고 있다. 따라서
즐거움과 행복은 같은 것이 아니다.

(『대이교도 대전』 3권, 27장)

이러한 토마스의 생각에 의하면 동물이나 인간이나 '즐거
움'을 추구하지만 동물들은 단지 즐거움 즉 쾌감과 같은 육체
적인 선만을 추구하지만 인간은 이와 다른 '행복'을 추구한다
고 한다. 그런데 앞서 3장에서 살펴본바 있듯이 행복을 추구
하는 인간의 갈망은 결코 중단되지 않는다. 인간은 맛있는 음
식을 먹거나, 재미있는 게임을 하거나, 나아가 멋진 예술품을
감상하면서 행복을 맛본다. 그리고 자신이 목적한 어떤 사회
적인 명성이나 성공을 통해서 행복을 획득한다. 이뿐만이 아
니다. 경우에 따라서는 타인을 위해서 봉사를 하거나 희생을
하면서도 행복을 느끼기도 한다. 하지만 그 어떤 행복도 인간
에게 완전한 만족 완전한 행복을 가져다주지는 못한다. '인간
의 욕심은 끝이 없다'는 이 단순한 진리가 토마스 아퀴나스에

게는 자연스러운 한 현상이 된다. 왜냐하면 인간은 본성상 행복을 추구하게 되어 있으며, 그것도 완전한 행복, 절대적인 행복을 추구하도록 되어 있기 때문이다. 엄밀히 말해 완전한 행복을 향한 인간의 추구는 욕심이라기보다는 희망이다. 욕심 혹은 욕망은 자신의 본성에 적합하지 않는 것, 즉 분에 넘치는 것을 바라는 것을 말하지만, 완전한 행복이 인간의 본성에 적합한 것이라면 욕심이 아닌 희망인 것이다. 이러한 완전한 행복은 사실상 '지복'이라고 부르는 천국에서만 획득할 수 있는 행복이다.

궁극적인 깃을 지향히는 인간외 거이 본능적인 행위는 '죽음'에 이러러 분명하게 드러나는데, 모든 동물들은 죽음을 예감하면 스스로 죽음에 복종하지만 인간만이 죽음에 저항한다. 그 이유를 토마스는 '인간의 본성' 그 자체가 죽음을 넘어서는 것으로 만들어졌기 때문이라고 한다. 즉 죽음에 복종하는 것은 동물에게 자연스러운 것이나, 죽음에 저항하는 것은 인간에게 자연스러운 것이라고 한다. 만일 죽음에 저항하는 이러한 인간의 거의 본능적인 행위가 부질없는 것이라고 한다면, 즉 죽음이 존재의 완전한 소멸을 의미한다면 인간이란 그 자체 불합리한 존재이며, 이성적인 존재를 포함하고 있는 이 세계란 '부조리' 그 자체라고 선언해야만 할 것이다. 하지만 이러한 선언은 이성적이고 합리적인 존재가 세계의 중요한 구성원이라는 그 사실 자체로부터 모순적인 것이며 있을 수 없는 것이다. 즉 인간의 궁극적인 목적은 '죽음'일 수가 없는 것이다.

여기서 잠시 주제를 돌려보자. 불교에서는 인간의 인간다움을 지키기 위해서는 '욕심을 버려야한다'고 한다. 도교에서도 '무위자연'을 주장하면서 욕심을 버리기를 촉구한다. 하지만 그리스도교에서는 어쩌면 인간적인 것을 훨씬 초월하는 '지복'이나 '영원한 것'을 갈망해야 한다고 한다. 겉으로 보기엔 상반되는 것 같은 이러한 언명들은 사실상 그 깊은 본질에서는 다른 것이 아니다. 왜냐하면 그리스도교에서 '영원한 것', '지복'은 지상에서의 인간들이 추구하는 '물질적인 것', '명예'나 '권력' 따위가 아니라, 오히려 가장 인간적인 것, 인간의 영혼의 어떤 것을 의미하기 때문이다. 즉 한마디로 말하면 '초월적인 것'을 갈망하기 위해서는 '세속적인 욕망'을 버려야 하기 때문이다. 만일 누군가 이러한 '초월적인 것'에 대한 갈망역시도 비워야 한다고 한다면, '절대적인 비움'에 이르려고 하는 이러한 '욕망'도 버려야 하지 않겠는가라고 반문할 것이다. '비움'의 의미가 진정 의미를 가지려면 그것이 무엇이든 보다 고차적인 것에 대한 '채움'을 위한 '비움'일 수밖에 없는 것이다.

즉 토마스 아퀴나스의 사유는 우리에게 인간의 특성에 대해 알게 한다. 애초에 인간은 세계의 원인이 되는 근원적인 것과 세계의 목적이 되는 궁극적인 것 즉 신적인 존재와 밀접한 연관성을 가지고 있다는 것이다. 이러한 것이 바로 '인간은 신의 모습을 닮게 창조되었다'는 성서 상의 진리를 이해하는 하나의 방식이다. 즉 인간은 본성적으로 '근원적인 것'과 '궁극적인 것'에 대해 호기심을 가지고 있으며 이것을 알고자 하며 이것에 도달하고자 하는데 그 이유는 인간이 이러한 것과 유사한 것(*similitudo*)을 가지고 있기 때문이다. 이 유사한 것은 일차적으로 '이성' 혹은 '지성'이겠지만, 나아가 인간 안에는 신(神)의 존재(存在)와 유사한 그 무엇이 존재하기 때문이다. 즉 인간 속에는 인간을 넘어서는 그 무엇, 신성한 무엇을 가지고 있는 것이다. 그래서 파스칼도 "인간이란 인간을 무한히 넘어서는 존재"라고 말한 것이다.

2. 학문의 빈자리를 채우는 것은 사랑이다

경험론자인 밀은 그의 『실용주의』에서 "만족한 돼지가 되기보다는 불만족한 인간이 되는 것이 낫다. 만족한 바보가 되기보다는 불만족한 소크라테스가 되는 것이 낫다"라고 하였다. 이는 항상 보다 나은 것을 추구하는 인간됨의 조건을 말하는 것이다. 하지만 앞서 살펴보았듯이 아무리 좋은 조건을 지니고 있고 수많은 성공을 경험했다하여도 인간이라면 여전히 불만과 불평을 지닐 수밖에 없다. 이것이 인간조건이다.

우리는 여기서 이러한 불만과 불평이 어디에서 기인하는가를 질문해 볼 수 있다. 객관적인 조건을 고려해볼 때 전혀 불만의 소지가 없는 사람도 여전히 불만족을 지니고 있다면 그 이유는 무엇인가? 여기서 우리는 현상과 본질에 대한 논의를 시도해 볼 수 있다. 객관적인 조건 그것은 현상의 문제이며, 반면 객관적인 모든 조건을 넘어서는 그 무엇, 그리고 이들의 원인이 되는 것, 이것은 본질의 문제이다. 사실 모든 것은—비록 현상과 본질이라는 방식의 설명이 전부가 아니라 하더라도—현상과 본질의 차원에서 고려될 수 있다. 가장 쉬운 예로는 병을 들 수 있다. 열이 나고 기침을 하는 것은 현상이며, 이 현상을 유발하는 감기는 본질적인 것이라 할 수 있다. 꽃을 선물하고 함께 식사를 하고 싶은 것은 현상이며 이 현상에 대해 본질적인 것은 '사랑' 혹은 '우정'이라는 것이다. 나아가 사유를 하고 돈을 모으고 결혼을 하며 행복을 추구하는 것은 현상이라면 이 현상에 대해 본질적인 것은 '인간의 본성' 혹은 '인간의 본질'이다. 즉 본질이란 우선적으로 어떤 현상에 대해서 그것의 원인이 되는 근본적인 그 무엇이며 이러한 의미에서 인간성이란 인간행위에 대한 원인으로서의 본질적인 것이다.

그러기에 '본질'이라고 할 때 원래적인 의미는 '실체적인 것'의 의미를 지니고 있다. 가령 인간에게 있어서 본질적인 것은 모든 인간에게 있어서 인간이기 때문에 가지게 되는 것,

즉 인간성으로부터 가지게 되는 것을 말한다. 팔다리를 가지고 걷고, 대화로 타인과 소통하는 것, 사유하는 것, 생의 의미를 추구하는 것, 행복을 추구하는 것, 자아의 완성을 갈망하는 것 등은 인간성에 있어서 본질적인 것이다. 이에 반해 피부색이 희거나 검은 것, 머리가 갈색이거나 검은 색인 것 혹은 키가 크거나 작은 것, 뚱뚱하거나 날씬한 것 등은 '인간성'에 대해서 부수적인 것 즉 비본질적인 것이다. 여기서 본질로서의 인간성은 실체적인 것으로서 존재론적인 차원의 '본질'을 의미한다. 원인 혹은 근원적인 것으로서의 본질이든 혹은 실체적인 것으로서의 본질이든 본질적인 것은 정신을 가진 인간의 본성에 보다 깊이 연관되어 있고, 비−본질적인 것 즉 현상적인 것은 감성을 가진 인간의 본성에 보다 깊이 연관되어 있다.

토미즘의 인간관은 바로 이러한 본질적인 것과 현상적인 것에 대한 분명한 이해에서 출발하고 있다고 해도 과언이 아니다. 우선 토마스 아퀴나스가 사용하는 '본질'에 대한 언어적 분석을 시도해보자. 토마스 아퀴나스가 사용하는 본질이라는 라틴어 용어는 두 가지이다. 하나는 '무엇' 혹은 어떤 것의 '동일성'을 의미하는 '퀴디타스(quiditas)'이며 다른 하나는 어떤 것의 '핵심' 혹은 '정수'를 의미하는 '엔센시아(essentia)'이다. 전자는 개별적인 차이를 넘어서는 보편적인 것으로 '개념'에 해당하는 본질의 의미이다. 가령 바닷가에서 이상한 물건을 주운 아이는 '이게 뭐지(quid)?'하고 질문한다. 이때 이 '무엇'은 '돌'이나 '조개' 혹은 '산호조각' 등을 의미하는 것으로 구체적으로 어떠한 돌인지, 어떤 종류의 조개인지 등은 문제 삼지 않는다. 이러한 보편적인 것으로서의 본질은 실재하는 어떤 것이라기보다는 실재하는 개별자 속의 유적(類的) 자기동일성으로서의 본질이다. 이러한 본질은 개별자의 다양성으로부터 공통되는 특성을 추상한 결과로 주어지는 것이다. 반면 후자(essentia)의 경우 이는 단적으로 말해 한 개별자를 개별자이게 하는 가장 근원적인 원리 즉 '개별성'의 원리이다. 인간의 경우 이는 나의 모든 개별성을 규정하게 되는 '나의 영혼'을 말한다. 결국 일반적인 의미에서 본질이란 '나의 유적인 동일성'을 규정하는 본질과 '나의 개별적인 동일성'을 규정하는 본질의 두 가지 차원에서 구별될 수 있다.

전자의 본질을 간단히 말해 '유적 본질'로 후자의 본질을 '개별적 본질'이라고 한다면, 유적 본질은 보편적인 앎과 연관되어 있으며, 개별적 본질은 개별적인 앎과 연관되어 있다. 그리고 실제로 존재하는 실재는 개별적 본질이며, 유적 본질은 이러한 개별적인 본질로부터 추상되어진 일종의 '정신적인 실재'라고 할 수 있다. 토마스에게 있어서 '존재' 혹은 '존재자'라고 불리는 모든 실재하는 것은 그 자체 하나이며 유기적인 통일체로서 존재한다. 여기서 모든 것이 그것으로 발생하는 단 하나의 최초의 원리는 곧 '개별적 본질'인 것이다.

이 세 가지 속성(존재하기, 살기, 지성 작용)은 다음과 같은 의미에서 하나의 유일한 본질을 소유한다. 곧, 이들이 유일한 영혼의 본질로부터 산출된다는 의미에서 그러하다.

(『진리론』, 문 10, 1장)

이러한 의미에서 '개별적 존재로서의 나'는 나의 '인간의 본성'으로부터 발생한 것이 아니라 오히려 '인간의 본성'이 나의 '개별적인 본질' 즉 나의 영혼으로부터 발생한 것이라고 할 수 있다. 물론 '인간의 본성'과 '개별자로서의 본질'은 시간상 논리상 동시적인 것이긴 하지만 형이상학적인 차원 혹은 존재론적인 차원에서 개별자의 본질은 유적인 본성의 원인이 되는 것이다. 그러기에 토미즘에서 한 개인이란 인류라는 보편적인 가치에 보다 더 궁극적인 최후의 가치인 것이다.

만일 학문의 가치나 의의를 실용적인 것에서만 국한시키지 않는다면 그것은 사물들의 본질을 알고자 하는 인간지성의 본질적인 특성에서 추구해야만 할 것이다. 어쩌면 알고자 하는 인간지성의 본질적인 욕구는 실용성에 우선되는 것이라고 해야 할 것이다. 왜냐하면 사유하는 이성적인 본질이 인간을 규정하는 유적(類的) 본질이기 때문이며, 지성의 고유한 대상은 존재(자)의 본질이기 때문이다.

(『신학대전』 1권, 문 85)

> 여러 사물들의 본질들은 우리에게 알려져 있지 않다.
> 왜냐하면 본질적인 차이들이 우리에게 알려져 있지 않기
> 때문이다.
>
> (『진리론』, 진리에 관하여, 문4 & 『대이교도 대전』 3권, 91장)

그런데 만일 왜 인간의 본질은 알고자하는 것인가? 라고 질문한다면 그것은 '선험적'인 것 즉 애초에 그렇게 만들려졌다고 해야 할 것이다. 성경에는 신이 세계와 인간을 창조한 뒤 인간에게 '사물들의 이름을 지어줄 권한'을 주었다고 전해주고 있다. 이러한 상징적인 표현은 사실 어떤 실재를 유비적으로 말해주고 있다. 어떤 것의 이름을 짓는다는 것은 무엇을 의미하는가? 그것은 이 어떤 것의 본질을 파악한다는 것이다. 즉 성경은 인간으로 하여금 창조된 피조물들을 탐구하고 학문을 추구하고 문명을 건설할 권한을 가진 존재임을 선언하고 있다. 여기서 어떤 것의 본질을 안다는 것은 무엇을 안다는 것인가? 그것은 일차적으로는 '유적 본질'이며 이차적으로는 '개별적인 본질'이다. 이로부터 우리는 토미즘의 앎에 관한 이론을 유추해 볼 수 있다. 앎이란 일차적으로 다양한 개별적인 것에 대해서 추상작용을 통해 보편적인 것을 통찰한다는 것이다. 이 보편적인 것은 모든 개별적인 것에 존재하는 어떤 공통성을 말하는 것으로 '본질' 혹은 '본성'이라고 불리는 것이다. 만일 이러한 보편성에 대한 통찰이 불가능하다면

학문은 그 자체 불가능할것이다.

> 육체와 결합되어 있는 인간 지성의 고유한 대상은 육체적인 사물 안에 있는 본질(*quidditas*)이거나 본성(*natura*)이다.
>
> (『진리론』, 영혼에 관하여, 8장)

앎에 대한 토미즘의 이론의 다른 한 특징은 경험주의적 특성이다. 즉 지성이 보편성을 통찰하는 것은 감각적인 경험을 통해서 이루어진다는 것이다.

> 지성은 보편적인 것을 아는 능력이다. 그리고 이는 경험을 통해서 이루어진다.
>
> (『신학대전』 1권, 문 76)

> 실체들의 형상들은 그 자체를 통해서 우리에게 알려져 있지 않다. 그러나 이들은 그들의 속성들을 통해서 우리에게 분명해 진다.
>
> (『진리론』, 영적 피조물에 관하여, 2장)

사물들의 본질에 대한 인식이 감각적인 경험을 통해서 이루어진다는 관점은 아리스토텔레스의 인식이론에서 계승된 것인데, 이는 '이데아'에 대한 기억을 상기하는 것에서 기인된다는 플라톤의 관점 그리고 신적 조명으로부터 기인된다는 아우구스티누스적인 관점과는 대립되는 관점이다. 플라톤과 아우구스티누스적인 관점을 관념론적인 관점이라면 아리스토텔레스나 토마스의 관점은 실재론적인 관점이라고 할 수 있다. 토마스 아퀴나스의 실재론적인 관점은 사실상 보다 과학적인 관점에 적합한 것인데 오늘날 여전히 토미즘이 많은 분야에서 참조되고 있는 이유가 있다면 바로 이러한 실재론적인 경향 때문일 것이다. 감각적이고 경험적인 인식으로부터 보편적인 인식이 이루어지는 '추상의 과정'에 대한 아래의 도표는 앎의 이론에 대한 그의 '보편성'의 특징을 잘 드러내고 있다 할 것이다.

● 도표 2 : 신학대전(I, q. 85, a. 1-3)에서의 지성의 추상작용의 제 국면들

	개별자의 형식 안에서	추상의 형식 안에서
진보의 차원	하나의 불완전한 학문 : 모호하고 불분명한 지식들 (a. 3, con.)	지성적인 진보는 '하나의 보편적인 전체' 혹은 '통일된 전체'로부터 제 부분들을 구별하는 데에서 성립
	시간과 발생의 순서 안에서 : ⇑ 불완전, 다양함, 우연적, 진보중의… (a. 3, ad 1)	지성(개념)의 질서 안에서 : 능력과 행위, 완전과 불완전, 원인과 결과, 선험성과 후천성, 존재, 일자, 초월성 등 (a. 3, ad 1, 2, 3, 4)
본성 혹은 類의 차원	'실제적 본성'은 개별자 안에서만 존재한다. (ex. 개인 안에 존재하는 인간성) (a. 2, *ad* 2)	알려진 대상 = 추상적이고 지성적인 류 : 보편적 개념발생(인류, 인간성) 이는 일종의 절대적 지평에서의 견해
	개별성의 원리 : 감각 이미지 ⇑, 구체적 속성들 (색과 형) (a. 1, *ad* 1)	보편성의 원리, 지성적 類 (돌, 말, 인간…) 그럼에도 이는 이미지의 도움 없이는 알려질 수 없다. (a. 1, ad 5)

	개별자의 형식 안에서	추상의 형식 안에서
질료의 차원	감각적이고 개별적인 질료 (량과 질로 구체화된)	공통적인 지성적인 질료성 (수, 차원, 모양)
	감각적이고 개별적인 질료 ⇑ (이 육체, 저 뼈들 등) (a. 1, *ad* 2)	감각질료의 공통성 (육체, 뼈들)

   토미즘의 실재론은 인간의 인식행위가 개별적인 감각적 인식에서 보편적인 본질인식에로 나아가는 국면을 잘 보여주고 있지만, 인간의 앎은 이러한 보편적인 것의 인식에서 멈추지 않는다. 토미즘의 인식론이 궁극적으로 추구하는 것은 '개별자'에 대한 앎 보다 정확히 말하면 '개별적인 본질'에 대한 인식이다. 일반적인 인식의 국면에서 개별자에 대한 개별적인 인식은 감각적 인식의 차원에서 이루어진다. 크기나, 형태 그리고 색깔이나 무게 혹은 어떤 질료적 특징 등이 개별적인 인식인 것이다. 하지만 이러한 개별적인 것에서 추상된 보편적인 인식은 '개념'이라는 것을 매개로 모두에게 동일한 하나의 일반적인 혹은 보편적인 인식을 가능하게 한다. 이러한 앎은 보통 우리가 '전문가'들의 전문적인 지식이라고 하는 것이다. 생물학자들이 생물학적 관점에서 인간에 대해 말하고 있는 전문적인 지식 혹은 고고학자가 고고학적인 관점에서 말하고 있는 인간에 대한 전문적인 지식은 바로 이러한 개념을 매개로한 '일반적인 앎' 혹은 '보편적인 앎'이라고 할 수 있다.

여기서 우리는 한 가지 중요한 사실을 알 수가 있다. 모든 과학적인 앎이란 '개념을 매개로 한 일반적인 앎'이며, 이러한 앎은 결코 '한 개별자에 대한 앎'은 아니라는 것이다. 왜냐하면 나의 건강진단표가 아무리 섬세하고 포괄적인 것이라 해도 이러한 '도표'가 '나 자신'에 대한 앎이라고 할 수 없을 것이며, 심리학자가 아무리 나의 심리를 엄밀하게 분석한다하더라도 이러한 분석이 '내 영혼'에 대한 앎이라고 단적으로 말할 수는 없는 것이다. 왜냐하면 이러한 분석과 도표들은 나 아닌 타인들 즉 누구에게라도 동일하게 적용되는 '개념적인 것' 혹은 '일반적인 것'으로서 결코 타인과 구별되는 유일한 '나 자신' 혹은 '나의 영혼'의 앎이 될 수 없을 것이기 때문이다. 그렇다면 '한 개별자'에 대한 앎은 가능한 것인가? 토미즘은 개별자 그 자체에 대한 지성적인 앎(인식)이 가능하다고 한다. 이는 다시 말하면 한 개별자의 '개별적인 본질'에 대한 인식이 가능하다고 하는 것과 같다. 토마스는 "지성은 개별자에 대한 어떤 지성적인 앎을 가지는 것이다.(『진리론』, 진리에 관하여, 문 10)"라고 말하고 있는데, 이는 인간의 지성은 한 개인의 모든 현상들의 근원적인 원인이 되는 개인의 본질 즉 한 개인의 개별적인 영혼을 알 수 있다고 말하는 것과 같다. 이러한 진술은 모든 분야에서 보다 전문화되고 보다 기능화 된 오늘날의 풍토에 시사하는 바가 참으로 크다.

이를 이해하기 위해서 한 예를 들어보자. 우리가 '문제아'

라고 부르는 한 아이의 문제를 이해하기 위해 그의 어머니는 자신의 아이를 한 '아동발달 전문가'에게 의뢰할 수 있다. 이 아동전문가는 자신의 모든 지식을 총 동원하여 이 문제아이의 모든 것을 관찰하고 분석하고 그 결과를 어머니에게 제시할 것이다. 그리고 그 아이의 문제를 해결하기 위해서 이러저러한 처방을 제시할 것이다. 하지만 아이의 어머니는 이러한 처방전에 만족할 것인가? 이러한 처방전이 이 아이의 문제를 해결할 근본적인 해결책이 될 수 있을까? 만일 여기서 아이의 어머니가 이러한 전문가적인 해결방식에 회의를 나타내고 만족할 수 없다면 그 이유는 무엇일까? 바로 여기서 우리는 '보편적 혹은 일반적인 앎'과 '개별적인 앎'에 대한 차이를 이해할 수 있다. 아동 전문가와 어머니 사이에 누가 아이에 대해서 더 잘 알고 있는가? '어린이'라는 대상의 전문적인 지식이 문제가 될 때는 아동 전문가가 보다 잘 알겠지만, 구체적인 한 개인이라는 차원에서는 어머니가 보다 잘 알고 있을 것이다. 그것이 어떠한 종류의 지식이든 전문가적인 지식이란 결코 한 개인의 개별적인 자아에 대해서 아는 것이 아니다. 아동 전문가의 앎이란 개별적 사실로부터 추상된 보편적인 대상 즉 일종의 '사회적 자아'를 통해서 한 아이의 개별적인 자아를 이해할 뿐이고 그의 분석이 아무리 섬세하고 완전한 것이라 해도 그가 이해하는 아이의 자아는 어디까지나 사회적 자아로 '환원되어진' 개인의 자아이며 개인의 자아 그 자체는 아니다. 반면 어머니의 앎은 본질적으로 한 아이의 개별적인 자아 그 자체에 관여하고 있다. 이러한 한 개인의 개별적인 자아는 오랫동안의 삶을 통해 이루어진 소통과 교감, 그리고 실존적인 일치를 통해 획득된 앎이기 때문이다. 그러기에 사람들은 '나는 너를 알고 있다'고 단적으로 말하기 위해서는 내가 너를 사랑하지 않고는 불가능하다고 하는 것이다. 프랑스의 한 토미스트인 '에메 포레스트'는 "학문의 빈자리를 채워 앎의 욕구를 완성시켜주는 것은 사랑"이라고 한다. 이러한 의미에서 사랑은 그의 최후까지 알고자 하는 인간의 욕구를 채워주는 인간행위의 가장 탁월한 것이라 할 수 있다. 한 개인의 개별적인 자아를 이해한다는 것은 나의 영혼과 타인의 영혼이 일치하는 진정한 소통을 말한다. 인간의 알고자 하는 욕망은 개별적이고 감각적인 앎에서 출발하여 그것의 보편적인 유적인 본질을 알게 하고 나아가 한 개인의 개별적인 자아를 알게 한다. 그러기에 인간의 인식은 항상 현상적인 것에서 출발하여 본질적인 것에로 나아가는 것이다. 어떤 것의 본질을 알고자 하는 것, 이는 어떤 것과 진정으로 소통하고자 하는 것이며, 소통을 통해 일치하고자 하는 것이며 또한 사랑하고자 하는 것이다. 즉 토미즘에 있어서 학문의 궁극적인 목적은 소통과 일치를 통한 '사랑'에 도달하고자 하는 것이다.

인격의 완성이란 자기다움의 성취이다

1. 보다 아름다운 것은 보다 선(善)한 것인가?

인간의 행위 양식에서 지성적인 본성 다음으로 가장 인간의 본성을 잘 말해주고 있는 것은 심미적인 현상이다. 심미적 현상이란 아름다운 것에 대한 거의 본능적인 추구를 말한다. 아름다운 것에 대한 추구가 지성적인 인식에 기인하는 것이 아니라 거의 본능적인 것이라는 점을 증명하기 위해서는 일상의 한두 가지 예를 드는 것으로 충분할 것이다. 한 TV프로그램에서 오랫동안 뱀을 애완동물로 길러온 한 소녀가 커다란 보아 뱀을 목에 걸고서 자신은 "뱀을 볼 때 이루 말할 수 없는 아름다움과 신비로움을 느낀다"라고 하였다. 왜 그렇게 느끼느냐는 기자의 질문에 "그건 잘 모르겠어요"라고 대답했다. 그 이유를 잘 알 수 없지만 아름답게 느낀다는 것은 아름다움에 대한 (감각적) 인식이 지성의 인식(이해)을 앞선다는 것을 말한다.

'아름다운 것'이 무엇인가라는 질문을 던지기 이전에 우리는 인간은 왜 아름다운 것을 추구하는가? 라는 질문을 던져볼 수 있다. 이에 대한 답으로 인간은 애초부터 즉 선험적으로 아름다운 것을 추구하도록 되어 있다고 답할 수도 있겠지만 다른 관점에서 이를 설명해 볼 수도 있을 것이다. 토마스에게 있어서 이러한 질문에 대한 답은 그의 '존재' 개념으로부터 해명될 수 있을 것이다. 왜냐하면 그는 '미(美)' 역시도 존재의 한 속성이라고 말하고 있기 때문이다.

토마스 아퀴나스 존재의 속성을 '진성(眞性)', '일성(一性)'[1] '선성(善性)', '미성(美性)'으로 구분하고 있다.[2] 다시 말해서 그것이 무엇이든지 하나의 독립된 개별자로 존재하는 데는 일반적인 원리나 법칙을 통해서 존재하는데 이 원리가 '참되게 존재 한다', '하나로서 존재 한다', '선하게 존재 한다', '아름답게 존재 한다'는 원리가 적용되는 것이다. 물론 이러한 사

---

[1] 존재가 '일성'을 속성으로 가지고 있다는 것은 '없지 않고 있는 모든 것'을 말하는 것이 아니라, 그 자체 독립되고 개별적인 하나의 실체를 지칭한다. 즉 하나의 통일성을 가진 자기 완결적인 개별자를 말하는 것이다.

[2] 학자들에 따라서는 존재의 속성에 '아름다움'을 첨가하지 않는 사람도 있는데, 이 경우 아름답다는 것은 '선함'에 포함된다고 보기 때문이다.

유는 우리들의 일상적인 사유에서는 납득이 가지 않는다. 누가 자기 자신을 '참되게 존재하며', '아름답게 존재하며', '선하게 존재 한다'고 자신 있게 말할 수 있을 것인가? 나아가 극악무도한 살인자를 보고 '참되고', '선하고', '아름답다'고 할 수 있을 것인가? 즉 이러한 **존재의 속성**들은 우리들의 직접적인 감각영역을 넘어서 있다. 그렇기에 이러한 존재의 속성들을 중세철학자들은 존재의 **'초월적인 특성'**이라고 하는 것이다. 하지만 일상적인 사유와 달리 우리의 사유를 형이상학적인 지평에로 옮겨 간다면 이러한 존재의 속성들을 충분히 납득할 수도 있을 것이다. 가령 선(善)함의 경우를 생가해 보자. 토마스 아퀴나스는 '선'과 '악'을 정의하면서 '악이란 선의 부족'이라고 정의한다. 이는 마치 병을 '건강의 부족함'으로 정의하는 것과 같다. 위장병이란 위장 안에 생긴 낯설고 이상한 다른 존재가 아니라, 정상적인 위장이 제 기능을 상실한 것, 즉 자연그대로의 위장에 무엇이 부족한 것이다. 이 경우에 아무리 병이 위중한 사람이라 하더라도 죽지 않고 살아 있는 한 '건강'이란 것을 어느 정도 가지고 있는 것이다. 이처럼 '악(惡)'이라는 것도 애초에 인간으로서 지녀야할 자연적 속성들을 상실하고 있다는 것을 말한다면 아무리 악한 사람이라도 죽지 않고 살아 있는 한 어느 정도 선을 소유하고 있는 것이다. 이는 달리 말해서 모든 자연 상태에서 자연적으로 존재하는 존재들은 그 자체 선하다고 '판단하는' 것이다. 마찬가지로 '아름답다'는 것도 일차적으로는 모든 자연적인 존재들의 자연적인 모습에 대한 판단인 것이다.

존재의 속성 중의 하나가 '아름다움'이라고 한다면 우리는 모든 존재하는 것에서 아름다움을 발견할 수 있을 것이다. 존재가 보다 완전할 수도 덜 완전할 수도 있다는 차원에서 하나의 존재는 보다 선할 수도 보다 덜 선할 수도 있으며, 보다 참될 수도 보다 덜 참될 수도 있고, 보다 아름다울 수도 보다 덜 아름다울 수도 있는 것이 존재이다. 그러나 존재로서 존재하는 한 모든 것은 최소한의 아름다움이 있다. 아마도 신의 지성 속에 존재하는 이 존재의 이데아는 완전한 아름다움을 소유하고 있을 것이다. 그런 의미에서 어떤 존재를 보다 잘 알수록 그 존재의 아름다움을 더 잘 인식한다는 명제가 성립한다. 뱀도 애초에 하느님이 만드신 자연적인 존재인 한 여기엔 비교할 수 없는 어떤 아름다움이 있을 것이다. 그리고 이 뱀을 잘 알수록 그 아름다움도 보다 잘 통찰되는 것이다. 이러한 형이상학적인 사유에서는 모든 속성들이 독립된 것이 아니라, 하나의 유기적인 역할을 하고 있다. 즉 보다 참 될수록 보다 자신의 통일성을 잘 견지하고 있는 것이며, 자신의 통일성이 잘 보존될수록 보다 선한 것이 되며, 선한 것일수록 보다 아름다운 것이 되는 것이다. 즉 아름다움은 단지 감각 혹은 감성의 차원에서만 규명되는 것이 아니라, 존재의 다양한 속성들과의 상호관계를 통해서 규명하게 되는 것이다. 아마도 이러한 의미에서 천사를 악마보다 더 아름답게 묘사하는 것은 당여한 일일 것이며, 모든 성인 성녀들의 얼굴이 하나같이 아름답게 표현하는 것도 당연한 귀결일 것이다. 따라서 우리는 하나의 유비적인 차원에서 다음과 같이 말할 수 있다. 모든 존재자들은 그들이 '존재'를 혹은 '존재하기'를 갈망하는 한, 아름답고 선하고 참된 것을 갈망하고 있는 것이다.

그런데 자연적으로 존재하는 모든 존재들이 아름답다고 할 때 이 아름다움의 속성들은 무엇인가? 토마스 아퀴나스는 미의 조건으로서 '완전성(*perfectio*)', '비례(*proportio*)' 그리고 '명료성(*claritas*)'을 들고 있다. 이러한 미의 외적인 형식성은 "아름다운 것이란 보아서 즐거운 것"이란 고전적인 명제에 기인한다고 볼 수 있다. 이러한 외적인 완전함이나 균형 잡힘은 사실상 우리들의 오감을 특히 '시각'을 편하게 하고 쾌감을 유발한다는 것은 부정할 수 없는 사실이다. 그리고 토마스는 비례나 통일성이 우리를 즐겁게 하는 것은 이러한 비례나 통일성이 우리들의 형상(본질, 영혼)과 일치하기 때문이라고 생각하고 있다. 즉 나의 영혼의 모습은 완전한 일치 통일을 이루고 있기에 이와 유사한 것을 만날 때 즐겁고 편한 것이다.

그런데 고·중세의 이러한 균형과 비례의 미는 중세에 와서는 고대와 다른 성격을 띠고 있다. 고대에는 주로 수학적 기하학적인 비례나 균형을 말하고 있다면 중세의 토마스 아퀴나스는 이러한 비례는 '사물의 모습이 그 사물의 본질과 일치할 때 주어지는 것'이라고 말하고 있다.(*Super De divinis nominibus IV, lect. 5, n. 362*) 그러기에 각각의 존재자들은 그들에게 적합한 비례가 다를 수 있다는 것이 된다. 즉 인간의 미와 사자의 미는 다르며, 어린이의 미와 어른의 미는 다르며, 여자의 미와 남자의 미는 다를 수 있다는 것이다. 물론 이러한 다름이 모든 인간들에게 있어서 다 다른가 하는 점은 분명히 다루어지고 있지 않다. 사실상 이러한 질문은 근대 이후에야 진지하게 주어진 질문이었다. 중세에는 다만 자신의 형상에 일치하는 어떤 것이란 의미에서 '아름다운 것'이란 '나의 형상(정신, 영혼)에게 적합한 어떤 것'이란 의미를 가지고 있다. 이러한 맥락에서 아름답다는 것은 '이해' 혹은 '앎'과 밀접하게 연관되어 있다는 것이며, 이는 또한 합리성, 논리성을 포함하고 있다는 것이 된다. 즉 아름다움은 감성적인 것의 속성이지만 그 판단은 이성에 의해 이루어진다는 말이다. 명료함에 있어서도 마찬가지다. 어떤 것이 명료하다는 것은 모호하지 않다는 것이다. 여기엔 밝음의 의미, 뚜렷함의 의미가 포함된다. 8등신이 가장 아름답다고 생각하는 것은 8등신에 의해서 사람은 사람의 구체적인 모습이 가장 잘 드러나는 것이기 때문이다. 만일 현대인들이 날씬한 것을 아름답다고 여긴다면 이는 뚱뚱하지 않다 혹은 살이 찌지 않았기 때문이 아니라, 자신의 이목구비나 몸의 전체적인 부분들이 가장 잘 드러나기 때문일 것이다. 이 역시 보다 잘 인식된다는 것과 무관하지 않다.

밝음의 의미도 마찬가지다 어떤 것이 명료하게 드러나는 것은 밝은 빛에 의해서다. 이처럼 고전적인 미의 개념은 인간의 이성적 인식과 밀접하게 연관되어 있으며 감성적인 차원보다는 이성적이고 합리적인 차원에서 나타나고 있는 것이다.

인간이 아름다움을 추구한다는 것은 단순히 외적이고 감각적이고 '예쁜 것'을 추구하는 것이 아니다. 여기엔 존재론적인 차원에서 '잘 존재하기'라는 형이상학적인 의미가 함축되어 있다. 즉 내가 가진 모든 것과 비례 조화 균형 그리고 전체적인 통일성(일치)을 추구하고자 하는 것이다. 마찬가지로 나만의 아름다움을 의미하는 '개성적인 미' 역시도 단순히 남과 다른 독특함만을 의미하는 것이 아니라 나의 깊은 개별적인 본질과 일치하는 전체적으로 '나다움'에서 발생하는 아름다움인 것이다. 이렇게 전체적으로 하나의 통일성을 이루고 있는 '나'를 우리는 '자아'라고 하는 것이다. 그러기에 자아에 대한 추구란 '심미적', '지성적', '영성적'으로 통일된 '나의 존재론적인 완성 혹은 충만'을 추구하는 것을 말하는 것이다.

2. 가장 자기다운 것의 성취와 신성한 것의 성취

약간의 시적인 표현을 빌리자면 가장 자기다운 것을 추구하는 사람은 이미 신적(神的)인 것을 추구하고 있다. 왜냐하면 나의 가장 깊은 본질을 부여한 자가 신이며, 나아가 나의 깊은 내면에 존재하는 자가 곧 세계에 내재하는 신의 존재이기 때문이다. 즉 인간에게 있어서 가장 자기다운 것을 추구하는 것과 궁극적인 것을 추구하는 것은 다른 것이 아니다. 즉 나의 영적인 것을 추구하는 것과 신적인 것을 추구하는 것은 동의어인 것이다. 이러한 자기다운 것, 궁극적인 것을 갈망하는 인간의 행위는 인간존재의 특성을 규명해주는 계기가 되기도 하지만, 이러한 것을 통해서 인간존재가 가진 어떤 신비적인 측면을 이해할 수 있는 계기가 된다. 유사한 것은 유사한 것을 끌어당긴다는 자연법칙이 사실이라면, 궁극적인 것을 추구하는 인간에게는 궁극적인 그 무엇과 유사한 것을 지니고 있다는 것을 의미한다. 왜냐하면 전혀 알 수도 느낄 수도 없는 것은 추구될 수도 없기 때문이다. 그렇다면 인간의 내부에 존재하는 이 신적인 존재는 무엇이며 어떻게 알 수 있는가? 인간의 내면에 존재하는 신 존재의 문제는 사실상 토마스에 앞서 아우구스티누스가 그의 고백록에서 "신은 나 자신보다 더 깊이 나의 내면에 존재 한다"고 고백하며 밝힌 바 있다. 즉 그리스도교의 신은 세계에 대해 초월적인 존재이면서 동시에 세계에 내재하는 존재이다. 인간의 내면에 존재하는 신의 존재에 대해서 이해하기 위해서는 '세계에 내재하는 신'의 개념에 대해서 먼저 이해할 필요가 있다.

신을 통해서 피조물들이 (신과) 어떠한 관계를 가진다는 것은 분명하다.[3]

신은 모든 것 안에 존재한다. 그러나 이 존재하는 방식은 이들의 본질의 부분이나 우연적 속성들처럼 존재하는 것이 아니라, 그것을 통해서 그들이 행위 하는 동인(動因)처럼 존재하는 것이다.

(『신학대전』 1권, 문 8)

'신은 이 세계에 내재 한다'는 진술은 신이 절대적인 존재 혹은 완전한 존재라는 그 정의로부터 논리적으로 참일 수밖에 없다. 존재히지 않는 곳이 있는 어떤 존재를 절대적인 존재라고 할 수가 없기 때문이다. 그런데 이러한 신의 존재가 우리들의 일부를 구성하는 질료나 본성과 같은 어떤 부분으로 존재하는 것이 아니라, 우리를 움직이는 동인처럼 존재한다. 이는 다시 말해 세계현상 혹은 인간현상들이 발생하고 유지되는 원리나 법칙처럼 우리들의 내부에 존재하는 것이다. 예를 들면 매순간 돌이 아래로 떨어지는 중력의 법칙이나, 봄마다 꽃이 피는 현상의 원인인 자연법칙이 지속적으로 존재하는 원인이 곧 신의 존재인 것이다. 즉 돌이 떨어지는 것은

---

[3] "Manifestum est quod creaturae realiter referentur ad Deu." *Summa Theologiae*, I, q. 13, a. 7.

중력의 법칙에 의해서 설명이 가능하지만 왜 중력의 법칙이 한 순간도 혼란에 빠지거나 없어지지 않고 유지되는가 하는 물음은 '신이 그것을 유지해 주기 때문'이라는 것이다.

> 신(神)은 단지 하늘과 땅, 그리고 천사와 인간만을 보살 피시는 것이 아니다, 가장 작은 것들―가장 미소한 짐승들, 새들의 깃털, 들판의 가장 소박한 꽃들, 나무의 잎들 ―의 가장 내밀한 구조들조차 보살핀다. 神은 이들의 부분들의 조화와 일치를 보증한다.
>
> (『신학대전』 1권, 문 103)

토미즘의 이러한 사유는 사실 신비주의적인 사유이다. 그리고 이러한 사유는 후일 스피노자가 "나는 매일 아침 태양이 떠오르는 것을 보면서 기적을 본다"고 말하게 되는 근거가 된다. 자연적인 현상들을 단순히 과학적인 시각에서 보자면 당연한 물리적 현상에 불과 하겠지만, 이를 형이상학적 관점이나 종교적인 시각으로 보게 되면 인간의 언어로는 설명 불가능한 '신비적인 사건'이 된다. 즉 이러한 물리적인 현상의 근원적인 이유나 원인 그리고 그 궁극적인 목적에 대해서 생각하게 되면, 인간의 언어를 넘어서는 놀라운 현상으로 보이게 되는 것이다.

물론 토마스 아퀴나스는 이러한 신비적주의적인 현상들 까지도 그 특유의 합리적인 정신으로 이를 설명해 주고 있다. 가령 이러한 모든 신비주적인 현상들 역시도 '신이 세계를 창조한 창조자'라고 인정하는 그 순간에 논리적으로 이해할 수 있다는 것이다. 토마스 아퀴나스의 신은 세계를 창조한 신이다. 그런데 창조란 무(無)에서 유(有)를 창조하는 것을 말하며, 창조이전에는 아무것도 없었다는 것을 의미한다. 따라서 시간 역시도 창조를 통해서 생긴 것이다. 신은 시간을 포함하여 존재하는 모든 것에 앞선 존재이다. (『신학대전』, 문 79) 만일 신이 시간을 초월하는 존재라고 인정한다면 신에게 있어서 순간이란 시간상 무한과도 같다. 즉 창조의 행위 그 자체를 신의 입장에서 보자면 단 한 순간에 이루어진 것이며, 세계역사라는 것도 신의 존재에서 보자면 '순간'에 지나지 않는다. 즉 신에게 있어서 이 세계의 시작과 마침은 거의 동시적인 사건이다. 그래서 토마스는 "보존과 창조는 사태 그 자체에 있어서 구별되는 것이 아니라, 우리들의 사유에 있어서만 구별되는 것이다(『대이교도 대전』 Ⅵ, 13)"라고 말하고 있다. 즉 세계를 창조하는 것이나, 창조된 세계가 끊임없이 보존되는 사태는 신에게 있어서 동시적인 사건인 것이다. 그래서 토미즘에서는 '세계의 역사라는 것은 신의 입장에서 보면 창조의 지속'이라고 말하는 것이다.

신에 의한 사물들의 보존은 신의 새로운 행위를 가정

하지 않는다. 다만 신이 운동과 시간을 초월하여 행위 하는 '존재의 증여' (즉 창조행위)를 지속하는 것일 뿐이다.

(『신학대전』 1권, 문 104)

이러한 관점에서 보자면 세계의 존재나 역사의 흐름이 신의 섭리에서 비켜나 있는 것은 하나도 없다고 해야만 할 것이다. 그러기에 모든 자연법칙이나 세계현상이라는 것도 이러한 신비주의적 입장에서는 신의 창조의지에 독립해 있는 것은 아무것도 없다. 만일 유일하게 신의 창조의지에 독립할 수 있는 것이 있다면 그것은 인간의 '자유의지'뿐일 것이다. 물론 세계역사를 보는 이러한 시각은 일종의 신비주의적인 관점이며, 합리적인 이성적 사유로서 보자면 적지 않은 논리적인 문제들을 내포하고 있는 것이 사실이다. 그러나 이러한 논의들이 우리에게 시사하고 있는 것은 세계나 인간은 어떤 식으로든 신의 존재 특히 신의 창조의지와의 연관성 속에 있다는 것이며, 여기서 중요한 점은 인간은 이러한 신의 창조의지와 특별한 관계를 가지고 있다는 점이다.

인간의 내면에 존재하는 '어떤 신적인 것'에 대해서 이해하기 위해서는 우리가 접근할 수 있는 개념은 곧 '창조' 개념이다. 그 이유는 지상의 모든 존재들에 있어서 인간만이 무엇을 창조할 수 있는 존재이기 때문이다. '창조'란 무엇을 말하는가? 인간에게 있어서 창조란 새로운 것, 아직 존재하지 않는 어떤 것을 산출하는 것을 말한다. 그것이 어떤 새로운 양식이든, 새로운 기술이든 새로운 작품이든 아직 존재하지 않는 새로운 것을 산출할 때 우리는 창조적인 작업을 이라고 말한다. 그래서 창조라는 의미가 가장 그 본질적인 의미를 가지는 분야는 예술분야이다. 그런데 우리가 '신의 창조'라고 할 때의 이 창조란 무(無)에서 유(有)를 창조하는 절대적인 행위를 말한다. 신의 창조행위에서 아무것도 가정되지 않는다는 것은 모든 것은 신 그 자신으로부터 발생한다는 것을 의미한다. 그러나 인간의 창조란 어떤 의미에서든 이미 주어진 어떤 것을 가정하는 것이다. 여기서 우리는 하나의 명제를 제시할 수 있는데 그것은 '인간이 창조행위는 다의적으로 쓰일 수 있으며, 이 창조행위는 이미 주어진 것이 보다 적을수록 보다 신적인 창조행위와 유사하다'는 것이다. 그런데 이미 주어진 것이 보다 적다는 것은 무엇을 의미하는가? 이를 이해하기 위해서 창조의 다양한 의미를 생각해 보자.

창조한다는 것은 우선적으로 눈에 보이는 어떤 대상을 산출한다는 것을 의미한다. 가령 예술의 창조행위는 예술작품이라는 것을 가정한다. 하지만 우리는 창조적인 행위 없이도 어떤 것을 산출 할 수가 있다. 가령 동일한 의자를 수십 개 반복하여 만드는 장인의 행위는 '산출'은 있지만, '창조'는 없는 것이다. 반면 어떤 대상을 가정하지 않는 창조가 있을 수 있다. 즉 다시 말해 창조의 행위를 증명할 어떤 확인 가능한 구체적인 대상이 없이도 가능한 창조적인 행위가 있을 수 있다. 가령 '수도자'들의 삶의 형식이나 내용 그리고 세상의 善을 위해 헌신하는 봉사자들의 삶의 형식이나 내용은 모두 눈에 보이는 구체적인 대상을 산출하지 않지만 창조적인 행위라고 할 수 있다. 그들은 사랑과 헌신이라는 삶 그 자체를 통해서, 즉 눈에 보이지 않는 삶 그 자체의 작품들을 통해 세계의 삶에 긍정적인 기여를 하고 있는 것이다. 물론 내면의 눈이 먼 현대인들은 일종의 경멸의 의조로 다음과 같이 말할 수도 있을 것이다 : "그들은 아무것도 생산하지 않았다."

우리는 여기서 기능화 된 세계와 창조적인 세계의 대립되는 사태에 대해서 명상해 볼 수 있다. '기능'이란 무엇인가? 그것은 기계화된 사회에서 가지는 '역할'을 말한다. '기능공'은 어떤 한 분야에 정통한 기술을 가진 이를 말한다. 우수한 기능공이란 이미 익힌 기술을 완벽하게 재현하는 사람을 말한다. 기능공에겐 창조적 행위가 필요한 것이 아니라 숙련된 기술만을 필요로 한다. 자동차 생산 공장의 인부들, 관공서의 공무원, 작업장의 인부, 택시 기사나 비행기 조종사 심지어 마트의 점원들 등은 모두 기능화 된 세계의 일종의 기능공들이다. 그것이 무엇이든 기능화 된 행위는 창조적 행위를 제한하는 한계처럼 나타난다. 왜냐하면 창조란 본질적으로 '나만의 것' 아무도 흉내 낼 수 없는 나만의 독창성을 요하는 그러한 행위인데, 기능화 된 세계에서는 오직 일반성과 획일성 그리고 양적인 실적만이 존재하기 때문이다. 인간의 깊숙한 곳에 존재하는 신성한 그 무엇은 그것이 나의 가장 깊은 내면에 존재한다는 의미에서 '가장 나다운 그 무엇'일 수밖에 없다. 그래서 고유하게 말해 창조적인 행위란 이러한 나의 내면의 욕구, 나 스스로 내면적인 이유로 행위 되는 어떤 갈망의 성취라는 형식을 취하게 된다. 따라서 나의 내면의 욕구와 성취를 제한하는 기능화 된 세계에서는 마치 나의 창조적 행위를 제한하는 굴레처럼 나타나는 것이다. 현대 토미스트인 F. M. 제니트는 『존재의 진리』에서 "인간이 영혼을 가졌다는 것은 바로 그의 창조적인 행위를 통해서 증명해 주고 있다"고 말하고 있는데 이는 참으로 옳은 말이다. 아무도 흉내 낼 수 없는 나만의 독창적인 어떤 것을 부모의 유전인자로부터 설명할 수는 없기 때문이다. 이러한 것의 원인을 끝가지 추적하고자 한다면 영혼을 부여한 신적인 존재를 가정하지 않을 수 없는 것이다.

인간의 창조적 행위가 한 개인의 가장 심오하고 가장 자기다운 행위 그리하여 가장 본질적이고 근원적인 욕망이라는 차원에서 이러한 창조적인 행위는 '성취'라는 용어의 가장 본질적인 의미에 적합한 것이다. 인간과 동물의 다른 점 중 하나는 인간은 무엇을 '성취'하고자 한다는 것이다. 동물은 자신에게 주어진 어떤 것을 실행하기만하면 되지만 인간은 아직 주어지지 않은 그 무엇을 창조함으로 '성취'하고자 한다.

이러한 창조행위의 의미를 보다 잘 이해하기 위해서 '성취'의 형이상학적 의미를 분석해 보는 것은 유용할 것이다. 성취에도 두 가지 의미가 있다. 외적인 것의 성취와 내적인 것의 성취이다. 내적인 것과 전혀 무관한 외적인 것에서 '성취'라고 한다면 그것은 순수하게 기능적인 세계에서의 목표달성이라는 수치와 관련된다. 가령 상인들이나 판매원들의 실적은 일을 잘 처리하는 것을 의미하는 것이지만, 이 일은 어디까지나 작업을 의미하는 것이지 나의 내면의 욕구로 인한 진정한 의미의 창조행위와는 무관한 것이다. 반면 예술가들의 예술적 행위에서는 이와는 다른 '나의 일'이라는 진정한 의미의 창조행위가 개입되고 있다. 왜냐하면 예술가들의 창조행위에는 '영감'이라는 형식으로 자신에게서만 발견될 수 있는 어떤 심오한 요청에 응답하는 의식을 전제하고 있기 때문이다. 예술가들의 예술행위는 그것이 진정한 예술행위인 한 자신의 존재의 깊은 근원으로부터 솟아나는 어떤 갈증 혹은 갈망에 답하는 형식으로 이루어진다. 이는 비단 예술의 영역에서 뿐만이 아니다. '소명의식' 혹은 '부르심(성소)'이 문제가 되는 '성직자'나 '수도자' 혹은 '봉사자'들의 삶의 영역에서도 동일하게 적용되는 것이다. 요컨대 '그렇게 하지 않으면 안 되는' 필연적인 내적인 이유로서 행위 되는 모든 곳에서 행위의 근본적인 동인은 '나의 깊은 내적인 욕구'이다. 이는 현대 토미스트인 에메 포레스트가 "자신의 존재에 대한 욕구"라 부르는 그것과 다른 것이 아니다. 바로 이 때문에 프랑스의 유신론적 실존주의자 '가브리엘 마르셀'은 "존재란 기다림의 채워짐이다. 존재에 대한 체험이란 성취(accomplissement)이다"라고 한 것이다.

우리는 이러한 우리들의 존재의 욕구에 응답하는 창조적 행위 그 자체를 '유비적으로 말해서' 궁극적인 목적이라고 말할 수 있다. 즉 모든 인간이 추구해야할 궁극적인 목적이 단적으로 말해서 '신과의 일치'라고 한다면, 이러한 존재의 깊은 내적인 요청을 실현하는 것은 곧 신을 추구하는 것과 같은 것이다. 왜 그런가? 그것은 창조적인 행위를 통해서 자신의 존재의 갈망을 실현하는 인간의 성취에는 '초월적인 것'에로의 참여가 있기 때문이다. 이를 이해하기 위해서 하나의 비유를 들어보자. 꽃이나 열매를 제공하고 있는 식물들에게 있어서 궁극적인 목적을 말할 수 있다면, 이들에게 있어서 궁극적인 목적은 '꽃'이나 '열매'를 산출하는 것이다. 하지만 꽃이나 과일 안에서 실현된 것은 꽃을 꽃으로 과일을 과일로 고려하는 것이며, 어떤 초월적인 것에 대한 참여가 있을 수 없다. 과일을 산출하는 나무의 행위에는 이미 주어진 어떤 것을 실현하는 것이 전부이며 여기에는 '초월에의 요청'이 필요치 않다. 반면 인간의 창조적인 행위는 그것이 나의 내면의 심오한 요청에 응답하는 것이기에 그리고 이러한 응답이 영감이나 참여를 통해서 이루어지는 것이기에 본질적으로 '초월에의 요청'이라고 할 수 있는 것이다. 꽃이나 과일은 그 궁극적인 결과물을 예측할 수 있지만, 한 인간의 궁극적인 결과물은 예측이 불가능한 것이다. 유비적으로 말하자면 꽃이나 열매는 그 완성이 이미 첫 출발점에서 주어져 있는 것이나, 한 인간의 개별적 완성은 전혀 주어지지 않은 것이며 그런 한 예측이 불가능한 것이다.

한 인간의 완성(자아 완성)이 그의 궁극적인 성취를 말한다면, 이러한 성취는 다른 모든 생물이나 사물들의 완성과 구별된다.

> 인간 안에는 그 자신에게 고유한 발생의 능력이 있다.
> 따라서 자연적인 여러 존재들 사이에서 인간의 영혼보다
> 더 완전한 것은 없다.
>
> (『신학대전』 1권, 문 79)

다른 모든 동물이나 사물들이 가진 완성과 구별되는 인간의 완성이란 무엇을 말하는 것인가? 옷이나 가구 혹은 건축물이 완전하다는 것은 균형이 잘 맞고 불필요한 군더더기가 전혀 없으며 기능상 어떠한 불편함이 없는 것을 말한다. 그러나 이러한 예들은 완전함이 그 자체 닫쳐진 어떤 것, 그 스스로 충분한 것이며 어떤 의미로 '창조'와는 전혀 상관없는 것들이다. 반면 인간의 자아는 그 자체 창조적인 것이다. 이 창조는

무엇보다 먼저 우리가 '세계관' 혹은 '사상'이라고 부르는 정신적인 실재를 포함하여 한 개인의 모든 과거의 역사들이 기억이라는 형식을 통해 현재 나의 의식을 이루고 있는 '자아의식'이다. 이러한 자아의식은 그야말로 하나의 세계이며 소우주이다. 이러한 자아의식은 세계에 하나밖에 없는 유일한 것일 뿐 아니라, 새로운 체험과 경험을 통해 항상 새롭게 변모하는 것이다. '나'라는 '자기동일성(개별적인 본질)'은 변하지 않으나 나를 구성하고 있는 내용들은 항상 변화무쌍하고 유동적인 것이다. 이러한 자아는 그 자체 일종의 창조적인 의식으로 나타나는데 그 이유는 본질적으로 '타자'로 나타나는 세계와 타인에 내한 체험들이 나의 자아라는 내면세계에서 끊임없이 나의 세계의 일부로 귀속되는 새로운 형식의 창조를 감행하기 때문이다. 이러한 자기세계의 끊임없는 창조는 '인간이 (세계를 창조한) 신을 닮았다'는 성서상의 진리를 해명해주는 또 하나의 인간현상이라고 할 수 있다.

자아에 대한 추구가 가지는 또 하나의 다른 의미는 자아에 대한 추구가 가지는 종교적인 혹은 형이상학적인 측면의 의미이다. 이는 자기초월이라는 '초월성'에 관련된 것이다. 모든 학적인 전문지식이 본질적으로 앎의 양적인 속성과 관련되어 있다면 자아에 대한 앎은 질적인 속성과 관련되어 있다. 즉 어떤 의미에서 오직 자아에 대한 이해만이 인간을 저편세계와 연결시켜주는 것이며, 다른 모든 객관적인 앎들은 이와는 전혀 거리가 먼 것이다. 인간의 완성에는 우리자신을 우리들의 저편에로 보내주는 어떤 초월 혹은 무한에 대한 개념이 내포되어 있다. 이러한 완성은 진정한 의미의 성취의 개념 그리고 존재의 채워짐이라는 충만함의 체험과 결부되어 있다. 이 충만함의 체험은 스스로 나누어주고 스스로 나누어져 함께하는 것으로 체험된 사랑의 체험이라고 할 수 있다. 이러한 관점에서 보자면 '성취하다'는 것은 단순히 어떤 것을 끝내다 완결하다는 의미의 '완성하다'는 것과는 다르다. '충만하다'는 것이 단순히 내가 지닌 모든 것의 '총체'와 다르듯이 '성취하다'는 것도 이미 나에게 '주어진 것'을 실현하는 것과는 다르다. 여기엔 존재의 깊은 곳에서 솟아나는 설명할 수 없는 그 영감이라는 초월적인 빛이 개입 되고 있는 것이다. 바로 이러한 초월적인 빛을 토미즘에서는 신적인 빛, 보다 정확히는 신(神)의 존재에로 참여하는 인간 '영혼의 빛'인 것이다. 즉 한 인간이 자아를 추구하고 완성하고자 하는 것은 곧 신적인 존재를 추구하는 것이며, 그런 한 인간의 궁극적인 목적은 이미 인간의 영혼 깊숙한 곳에서 시작되고 있는 것이다.

이러한 관점에서 보자면 사실상 우리가 '자연종교'라고 부르는 것과 '계시종교'라고 부르는 것은 본질적으로 차이를 가진 것이 아니다. 인간이 자아의 추구를 통해 진정한 초월성을 획득하는 순간에 즉 초월적인 세계에로 진입하는 그 순간에 마주하는 그 초월성은 계시를 통해 우리에게 밝혀주는 그 '초

월성'과 다를 것이 없기 때문이다. 계시란 이러한 참된 초월
성을 인간의 노력에 앞서 '밝혀주고', 인간의 노력에 앞서 신
의 '부르심이 존재'하였다는 것을 말해줄 뿐인 것이다.

자기사랑과 타자—사랑은 다른 것인가?

1. 사랑은 갈망하게 한다

현대인들이 자기도 모르는 사이 자신의 모든 행위의 한 준칙으로 삼고 있는 사상이 있다면 그것은 아마도 실용주의(pragmatisme)일 것이다. 모두는 아니더라도 최소한 대다수는 이 실용주의를 마치 보편적인 관습처럼 심지어는 신앙처럼 지니고 살아가고 있다. 실용주의는 무엇을 말하는가? '실용(實用)' 말 그대로 '실제 생활에 활용될 수 있는 것'을 우선적인 가치로 하는 사상을 말한다. 그런데 실용주의의 문제는 어디에 있는 것일까? 실용주의는 어떤 대상이 진리인가 아닌가, 혹은 가치가 있는 것인가 아닌가를 이 대상 그 자체의 질적 특성으로부터 결정하는 것이 아니라, 이 대상이 사실에 적합한지 아닌지를 보아서 결과가 유용하다고 판명된다면 참이거나 가치 있는 것으로 여기는 사상이다. 따라서 실용주의에 있어서는 시공을 초월하거나 상황을 초월하는 항구한 혹은 절대적인 진리는 없으며, 모든 것은 실생활에서 유용한가, 아닌가에 따라서 그 진리 값이 판단되며, 따라서 진리의 기준은 유용성에 두어야 한다고 생각한다. 미국에서 발생한 이러한 실용주의는 자본주의적 가치관과 맞물려 모든 것을 경제적인 가치로 환산하고자 하는 현대인의 경제제일주의 혹은 물질만능주의를 낳게 한 장본인이기도 하다.

오늘날 정치인들은 자신들의 정치적인 정책이 옳다는 것을 증명하기 위해서 그 정책이 실행된 이후에 예상되는 '결과'를 미리 제시 하곤 한다. 그리고 이 결과가 어떠한 종류의 것이든 어김없이 이 결과를 '경제적 가치'로 환원하여 제시하고자 한다. 가령 뒷산에 터널을 뚫으면 '연간 100억 원의 비용절감을 할 수 있다'거나, 갯벌을 메워 '바이오산업단지'를 건설하면 연간 '1조원'의 경제수익이 발생한다거나, 심지어 '아무개 배우의 깐느―영화제 수상'은 경제효과로 환산하면 '100억 원의 경제적 이득을 유발하였다'는 등의 말을 아무렇지도 않게 하고 있는 것이다. 하지만 모든 것을 경제적 가치로 환산하는 이러한 현대인의 정신적 경향성은 심각한 오류를 범하고 있다. 그것은 가치의 다양성을 하나의 유일한 가치 즉 경제적 가치 혹은 물질적 가치로 환원하고 있다는 것이며, 이러한 가치의 환원은 인간적 삶의 질적 하락과 인간적 삶의 궁극적인 의미를 제거하고 있다는 데서 심각한 문제를 야기하는 것이다. 모든 것을 경제적 가치로 환원한다는 것은 무엇을 말하는가? 그것은 본질적으로 다른 지평에 있는 심미적 혹은 정서적 가치, 정신적 가치 나아가 인간의 실존적인 가치를 경제적인 가치 보다 정확히는 물질적인 가치라는 하나의 지평에로 환원해 버린다는 것이다. 이러한 사유는 인간을 물질화시킨다. 만일 어머니의 자녀에 대한 사랑이나 이웃을 위해 헌신하는 봉사자의 아름다운 마음을 혹은 한 여성의 한 남성에 대한 사랑을 '경제적 가치'로 환산할 수 있다고 한다면, 이 경우 우리는 한 여성의 사랑도 돈으로 환원할 수 있는 물건처럼 취급하게 되는 것이다.

인간적 삶이란 이루 말할 수 없는 가치들의 집합체로 이루어져 있다. 나를 기쁘게 하고 푸근하게 하는 산이나 들의 가치, 커피를 마시며 음악을 듣고 마음 끗 휴식할 수 있는 공간의 가치, 오늘하루 공장에서 성실하게 일한 하루의 노동력의 가치, 하루 동안 생산한 사과나 포도의 가치, 오늘 학교에서 학생들과 연구한 그 연구의 가치, 자기 애인에게 말할 수 없는 행복감을 안겨주는 여인의 아름다움의 가치, 인생의 의미를 생각게 하는 어느 철학자의 작은 단편집의 가치, 권태로운 일상을 충만하게 해줄 영화나 시 한편의 가치, 사랑하는 사람을 위한 작은 희생의 가치, 아들을 사랑하는 어머니의 그 깊은 모성의 가치 그리고 지구 저편의 불행한 이들을 위한 한 수도자의 기도의 가치 등. 이 중에는 다른 가치로 환원 가능한 상대적인 것도 있지만 결코 그 어떤 다른 것으로도 환원될 수 없는 유일하고 절대적인 가치도 많다. 은이 아무리 많아도 금이 될 수 없듯이 어떤 가치들은 그 수치가 아무리 높아도 다른 가치로 환원되거나 비교될 수 없는 것들이 있다. 한 사람의 연봉이 아무리 높아도 그가 가진 경제적 가치는 한 예술가의 예술성과는 비교할 수 없는 것이다. 재테크의 달인인 한 어머니가 아무리 많은 돈을 물려줄 수 있다할지라도 가난한 한 어머니의 아들에 대한 지순한 모성애와 비교할 수는 없는 것이다.

사실상 가치의 문제는 과학의 영역에서 다룰 수 있는 문제가 아니다. 예를 들어보자. 한 사회과학자는 인구의 밀도와 사회문제에 대해서 그리고 특정 문화의 형태와 인구증가추세에 대해서 아주 잘 분석하고 비교해 보일 수 있다. 그렇다고 해서 이 사회과학자는 결코 인구의 증가를 막기 위해서는 ‘낙태’를 장려해야 한다거나 미래의 인구 상황을 고려하면 어떤 특정한 문화를 도입해야한다거나 하는 주장을 할 수가 없을 것이다. 이 사회과학자가 할 수 있는 것은 다만 이러저러한 문화형태는 이러 저러한 사회적 문제를 야기할 것이라는 정확한 데이터만을 제시할 수 있을 뿐 이러한 데이터가 생명의 가치나 출산의 가치를 말해줄 수 있는 것은 아닌 것이다. 따라서 미래의 보다 진보된 과학기술이 우리들에게 보다 분명하게 가치의 문제에 대해서 밝혀줄 것이라는 낙관주의의 태도는 그 자체 하나의 오류라고 해야 할 것이다. 과학기술이 아무리 발달하여도 본질적으로 인간성의 문제인 나아가 인간의 실존적인 문제인 가치의 문제와는 무관한 것이다. 사실상 수천 년 전에 살았던 소크라테스나 부처 혹은 예수가 오늘날의 과학자들 보다 인간의 자유나 정의의 문제 등 가치의 문제에 대해서 더 잘 알고 있었다고 말할 수도 있다.

이와 마찬가지로 가치의 문제에 있어서 전체 인구의 '~%'의 사람들이 이러 저러한 것을 원하고 있기에 이러한 저러한 것을 다른 것보다 가치 있는 것으로 인정해야한다는 생각도 잘못된 것이다. 가치와 숫자와의 관계가 실효성이 있는 것은 오직 동일한 지평에 있는 가치들 뿐이며, 엄밀한 의미에서는 오직 물질적인 차원의 가치들에 있어서만 유효할 뿐이다. '대중은 항상 오류다'라는 어떤 실존주의자들의 생각에는 지나친 면이 있겠지만, 많은 경우 '대중이 오류'라는 것은 사실이다. 소크라테스나 예수의 경우 혹은 당대에는 외면당한 위대한 예술가들의 경우는 이러한 사실을 잘 보여주고 있다. 엄밀히 말해 가치의 문제를 전문적으로 다룰 수 있는 그 어떤 학문도 있을 수 없다. 가치 있는 것이란 '원할 만한것'으로 이 원하는 주체는 바로 인간으로서의 '인간'이기 때문이다. 인간으로서의 인간 혹은 인간성으로서의 인간이 원하는 것은 무엇인가? 그것은 인간이 향유하고 있는 모든 가치 있는 것들이다. 즉 인간은 모든 것을 원하고 모든 것을 바라는 것이다. 토마스 아퀴나스는 이러한 모든 것을 원하는 사태 혹은 원하는 것의 원동력을 '사랑'이라고 부르고 있다.

> 사랑은 두려움, 기쁨, 욕망, 그리고 슬픔으로도 불린다. 이는 사랑이 이러한 정염들과 같기 때문이 아니라, 사랑이 이들의 원인이 되기 때문이다.
>
> (『신학대전』 1~2권, 문 26)

> 사랑으로부터 욕망, 슬픔, 기쁨 등 모든 정념들이 발생한다. 그러기에 하나의 열정이나 정념으로부터 발생하는 모든 행위는, 제일 원인으로서의 사랑으로부터 발생하는 것이다.
>
> (『신학대전』 1~2권, 문 28)

인간이 원하는 그 무엇이나 그 첫 원인은 사랑이다. 사랑은 의지가 동반되는 모든 인간의 행위 즉 '인간적 행위'의 동인인 것이다. 사랑은 모든 원함에 공통되는 원동력으로서 삶을 지속하게 해주는 그 무엇이다. 아무것도 사랑하지 않는 사람은 더 이상 존재 할 힘을 가지지 못하는 사람이다. 토마스 아퀴나스에 의하면 인간적인 행위들 중에 사랑 아닌 것이 없다.

 ___ 도움글 6 : 인간의 행위와 인간적 행위

인간이 하는 모든 행위는 인간의 행위이다. 말하고 걷고 먼 산을 보고, 무심코 깡통을 차는 행위, 봉사를 하거나 도둑질을 하는 행위 등 모든 것이 인간의 행위이다. 그러나 이러한 모든 행위를 인간적인 행위라고 하지는 않는다. 인간적인 행위란 '인간의 본성에 적합한 행위' 즉 자연적인 인간의 본성으로부터 요청되는 행위이다. 인간의 본성이 감성과 이성이라고 할 때 인간적인 행위는 감성과 이성의 조화로운 행위를 말하며 일반적으로 숙고된 행위 자유의지에 의한 행위 등을 인간적인 행위라고 할 수 있는 것이다.

정상적인 인간이라면 예외 없이, 일반적으로 인간이 바라는 모든 것을 원한다. 모든 어린이는 부모님의 사랑을 원하고, 달콤한 사탕을 원하며, 예쁜 옷이나 멋있는 장난감을 원한다. 마찬가지로 모든 학생들은 선생님의 칭찬이나 친구들의 관심을 바란다. 좋은 성적을 원하고 예쁘거나 멋진 사람을 보고 싶어 한다. 어른들은 더 많은 부와 명성을 원하고 남들이 알아주기를 바란다. 특히 아직 세파에 물들지 않은 순수한 청소년의 정신은 거의 모든 것을 원한다. 아름다운 옷을 보면 아름다운 옷을 갖고 싶어 하고, 멋진 탐험가를 보면 탐험가가 되고 싶고, 존경하는 선생님을 만나면 선생님이 되고 싶고, 예술에 감동을 하면 예술을 하고 싶어 한다. 그리고 이상을 위해 투신하는 철학자나 성직자를 보면 자신도 이상적인 무언가를 추구하고 싶어 한다. 이 뿐만이 아니다. 인간은 그의 실존이 종교적 차원에 이러면 자신보다 더 큰 것, 즉 초월적인 것 즉 신성한 것을 갈망하게 된다. 이렇게 인간은 모든 것을 소유하고 싶어 하고 모든 것이 되고 싶은 것이다. 왜 그런가? 그것은 인간의 가장 본질적인 본질 즉 인간의 영혼이 생(生)의 원리이기 때문이다.

> 인간의 영혼은 어떤 의미에 있어서, 모든 것이 되고자 하는 것이다.
>
> (『신학대전』 1권, 문 84)

그런데 왜 인간의 영혼은 모든 것을 원하는 것일까? 그것은 유사한 것은 유사한 것을 끓어 당기기 때문이다. 인간의 영혼은 세계 내에서 가장 탁월한 어떤 것, 신성한 것과의 유사함을 소유한 존재이다. 토미즘에서 어떤 것이 다른 어떤 것보다 존재론적으로 탁월하다는 것은 탁월한 이 어떤 것이 다른 것이 지니는 모든 것을 지니며, 그보다 많은 것을 지니고 있다는 것을 말한다. 따라서 인간의 영혼은 다른 모든 존재자들이 가진 것(질료, 생명, 감각)을 모두 가지면서 더 많은 것(지성, 의지, 신성과의 유사함 등)을 지니고 있다. 하지만 토마스가 말하듯 탄생 시에 '인간의 영혼은 마치 아무것도 쓰여 있지 않는 백지와 같다.' 즉 모든 존재의 풍요는 다만 가능성으로만 주어진 것이다. 모든 것을 갈망하도록 되어 있는 영혼이지만 그럼에도 자신의 내부에 '자아'라고 할 수 있는 것이 아무것도 없다는 것은 '이 모든 것을 갈망할 수밖에 없다는 것'을 의미한다. 바로 이러한 갈망을 토마스 아퀴나스는 '사랑'이라고 부르는 것이다. 아마도 오늘날 우리는 이러한 갈망을 '삶에 대한 사랑' 혹은 '자신에 대한 사랑'이라고 불러야 할 것 같다.

> 어떤 것을 갈망한다는 것은 항상 이 어떤 것을 사랑하고 있다는 것을 전제로 한다.
>
> (『신학대전』 1~2권, 문 27)

프랑스 철학자 '장켈레 비치'는 철학적인 차원에서 죄란 '아무것도 갈망하지 않는 것'이라고 말한 바 있다. 왜 그런가? 토미즘을 통해 답하자면 그 이유는 이 '아무것도 원하지 않는 상황'이란 인간으로서의 인간인 자신의 인간성을 배신하는 행위이며, 나아가 자기 자신을 배신하는 행위이기 때문이다. 우선 인간성을 배신한다는 것은 자신에게 부여된 인간성의 자격에 적합한 행위를 거부한다는 것이기 때문이다. 이는 마치 '국회의원'에 당선된 사람이 전혀 국회의원으로서의 자격에 적합한 행위를 하지 않고자 하는 것과 같다. 둘째로 자기 자신을 배신한다는 것은 개별적인 영혼을 통해 자신의 개별적인 존재를 완성하도록 '불림'을 받은 이 불림에 대한 거부를 말하는 것이다. 즉 토미즘에서 '모든 것을 바라는 사랑'이란 말 그대로 조건 없이 모든 것을 갈망하는 것을 의미하지는 않는다. 이 행위는 나로 하여금 마치 나 자신을 조각하듯이 '나 자신인 것'을 행하도록 하는 고유한 나만의 인생, 나만의 소명이 있다는 것을 전제한다. 토미즘에 있어서 한 개인이란, 그가 참된 개인으로 존재하는 한, 그 자체 나누어질 수 없고, 양도될 수 없으며, 자신의 고유한 완성을 자신의 내면 깊숙이 가능성으로 지니고 있는 자기 충족적인 존재를 말한다. 그리기에 진리에 대한 앎을 통해 완성의 단계에 이른 영혼은 자기 자족적인 삶 즉 자기 자신을 음미하고 사랑하는 신의 존재양식과 유사하게 존재하는 것이다.

토마스 아퀴나스에게 '자기사랑'은 마치 존재의 법칙처럼 혹은 본능적인 행위인 것처럼 나타난다. 그는 다음과 같이 말하고 있다.

> 병자가 그의 병은 미워하지만 자신을 미워하지 않듯이 구두쇠도 자신에게 있는 어떤 것을 미워하지만 여전히 자신을 사랑한다.
>
> (『신학대전』 1∼2권, 문 29)

여기에는 토미즘 특유의 특징인 자기−사랑의 긍정적인 측면이 잘 나타나고 있다. 이웃에 대한 사랑과 자기사랑은 토미즘에 있어서 불가분한 것이다. 즉 자기를 사랑하지 않는 사람은 타인도 사랑할 수가 없는 것이다. 왜 그런가? 우선 사랑이란 본질적으로 자유로운 행위를 말한다. 즉 '나인 것'을 추구하는 혹은 '나인 것'을 통해서 무언가 추구되는 행위를 말한다. 따라서 내가 나 자신을 사랑한다는 것은 '나인 것'을 추구(즉 자아의 실현)하거나 '나인 것'을 통해서 무엇인가 추구된다는 것을 말한다. 그것이 아무리 위대한 행위라 할지라도 그 행위가 '나인 것'이 아닌 것을 통해 행해진 것이라면 (즉 자유로운 행위가 아니라면) '사랑'이라고 할 수가 없는 것이다. 이처럼 내가 이웃을 사랑할 때, 그것이 진정한 사랑이라고 한다면, 여기엔 '나인 것'을 통해서 행위되는 것이다. 따라서 이 행위는 타인에 대한 사랑이면서 동시에 나 자신을 사랑하는 행위가 되는 것이다.

> 자유롭지 못한 사람은 자유로운 사람을 사랑한다. 그에게서 자신이 추구하는 것을 바라기 때문이다.
>
> (『신학대전』 1~2권, 문 27)

이와 반대의 경우를 생각해 보자. 나의 자유로운 행위가 아닌 행위 즉 우연적인 행위이거나 무의미한 행위란 누구를 통해서라도 실행될 수 있으며, '나 스스로를 통해', '나 자신의 실현’이라는 것을 아무것도 포함하지 않는 행위이다. 우리가 흔히 ‘방관자’라고 할 때의 ‘방관하는 행위’는 ‘이웃사랑’에 반하는 개념이다. 방관한다는 것은 무엇을 의미하는가? 이는 이기적인 행위인가? 그렇지는 않다. 왜냐하면 여기엔 행위에 대한 ‘무의미함’ 즉 ‘나인 것’을 실현하거나 ‘나인 것’을 통해서 실행되는 무엇이 배제되어 있다고 느끼기 때문일 뿐 나의 이익을 위해서가 아니기 때문이다. 즉 이웃을 위해 무엇인가를 행하는 것이 도덕적으로 좋은 것이라 해도, 그것이 나의 자유로운 행위 즉 ‘나인 것’을 통해서 행위되지 않는다면 ‘무의미한 행위’일 뿐이기 때문이다. 따라서 동일한 선행이 행위를 하더라도 그것이 나의 자유로운 행위 (즉 나인 것을 통한 사랑의 행위)가 아니라면, 방관자보다 나을 것이 별로 없는 것이다. 나아가 이러한 우연적이고 무의미한 행위가 만일 나에게 이익이 되는 어떤 특정한 결과를 예측하고 행위 하였다면-자유로운 나의 행위가 아니라는 의미에서-‘위선적 행위’, ‘이기적 행위’가 되는 것이다.

물론 사람들은 우리가 이웃사랑이라고 부르는 행위를 할 때, 이것이 항상 ‘나 자신의 자유로운 행위’라고 확신하면서 행위 하지는 않는다고 말할 것이다. 아니 현실 안에서는 내가 진정 ‘나인 것’을 통해서 행위 하는지 그렇지 않은지 모호한 가운데 행하는 경우가 너무나 많을 것이다. 따라서 이러한 가치는 행위가 수행 될 때 동반되는 일종의 직접적인 분명함 이라기보다는 행위 이후의 반성을 통해 나타나는 가치이다. 즉 사랑이란 반드시 앎을 전제하지는 않는다는 것이다.

> 어떤 것은 우리가 그것을 아는 것보다 훨씬 더 많이 사랑받을 수 있다. 우리는 완전하게 알지 못하면서도 어떤 것을 완전하게 사랑할 수 있다.
>
> (『신학대전』 1~2권, 문 27)

어떤 행동이 사랑인지 아닌지, 정의인지 아닌지 혹은 선행인지 아닌지 알지 못하지만 '사랑의 행위'를 실천할 수 있는 것은 무엇 때문인가? 아마도 근대의 합리주의자들에게 있어서는 특히 스피노자와 같은 정신을 가진 이들에게서는 '알지 못하면서' 혹은 '분명하지 않지만' 행동하는 이러한 행위는 결코 자유로운 것도 사랑을 실천하는 것도 될 수 없을 것이라고 할 것이다. 왜냐하면 이들에게 있어서 자유로운 것이란 '원인과 결과에 대한 분명한 이해를 통해 필연적인 것을 수용할 수 있는 능력'이기 때문이다. 하지만 이러한 합리주의적 사유의 문제는 인간의 앎의 다양한 의미들을 논리적 차원 혹은 합리적 차원으로 일원화 시켜버린다는 데에 있다. 인간의 실존은 다양한 지평을 하나로 수렴해 있는 놀라운 밀도를 지니고 있다. 토마스 '이 실존의 밀도에 있어서 우주를 능가하는 것이 인간의 영혼'이라고 하지 않는가! (『신학대전』 1권, 문 93)

이러한 존재의 풍요에서 '합리성'이란 단지 어느 한 부분, 인간성에 있어서 가장 본질적인 부분 중의 하나이기는 하지만 최상위적인 것은 아닌 상위적인 한 부분을 차지하고 있을 뿐이다. 이러한 '합리성'이 본질적으로 다양한 지평을 수렴하고 있는 인간실존의 제 현상에 대해서 유일한 판단의 근거가 될 수 없다는 것은 한두 가지 일상의 예를 드는 것으로 충분할 것이다.

가령 두 젊은 남녀가 사랑하는 이유에 대해서 합리적으로 설명을 하자면 도무지 이해가 되지 않는 측면이 너무나 많을 것이기 때문이다. 그가 왜 하필 '그녀'를 사랑하는지 그 이유에 대해서 아무리 합리적으로 설명을 한다고 하여도 여전히 그러한 합리적인 이유에 보다 적합한 '다른 어떤 여성'이 있을 수 있기 때문이다. 마찬가지로 자신의 생명을 던져 타인의 목숨을 구하는 '살신성인'의 경우 그 어떤 합리적인 이유로서도 설명이 불가능할 것이다. 즉 사랑의 행위는 본질적으로 앎의 영역을 넘어서는 혹은 앞서는 그 어떤 영역에 속하고 있기 때문이다. 물론 여기서 사랑의 행위가 '비-합리적'이라거나 '반-합리적'이라는 것을 말하고자 하는 것은 아니다. 다만 사랑의 행위는 합리성을 '초월'하고 있을 뿐이다. 우리는 단순하게 '사랑의 행위는 이해를 앞서가는 것'이라고 말할 수 있다. 인간의 합리성을 앞서가는 이러한 앎은 비록 합리적 설명은 불가능하지만 '앎'이라고 말해질 수 있다.

이러한 앎의 경우를 우리는 예술가들이 말하는 '영감'이란 것에서 볼 수 있는데, 현대 추상화의 선구자인 '칸딘스키'는 "한 예술가가 자신의 작품을 완성하기 이전에는 그 작품이 어떻게 될 것인지를 정확하게 알 수 없으며, 완성에 근접하는 순간 일종의 놀라움을 통해 갑자기 모든 것을 환히 알게 된다"라고 말하고 있다. 분명히 알 수 없지만 어떤 내적인 확신을 통해서 정신없이 추구하는 예술가의 행위는 '비-합리적'인 것인가? 논리적으로 보면 그럴 수 있다. 하지만 예술가에게 있어서 '분명하지 않다'고 해서 '알지 못하는 것'은 아니다. 아니 예술 작품이란 본질적으로 그 출발점에 있어서는 '불분명함'이란 특징을 지니고 있는 것이다. 모든 것이 분명한 것, 그것은 이미 예술작품이 아니라, 장인의 '공작품'에 지나지 않는 것이다. 예술가의 행위는, 그것이 진정한 예술적 행위인 한, 본질적으로 '영감'이라는 하나의 불분명하고 모호하며 설명 불가능한 어떤 '내적인 앎'을 통해서 이루어지는 것이다. 이러한 영감을 통한 '내적이고도 자발적인 행위'는 오직 그 행위가 완성된 이후에만―만일 이것이 가능하다면―'분명한 합리적인 설명'이 주어질 수 있는 것이다. 사랑의 행위도 이와 마찬가지다. 즉 나는 갑자기 '나 자신인 것'을 수행하도록 영감을 받으면서 이웃을 위해 혹은 타인을 위해 어떤 사랑의 행위를 하게 되는 것이다. 이러한 갑작스럽고 자발적인 사랑의 행위에 대해서, 행위를 수행하는 그 순간에는―

비록 합리적인 설명을 할 수 없는 것은 아니겠지만—만일 합리적인 설명을 하고자 한다면 나의 행위는 이미 그 '실재'를 굴절시키고 있는 것일 것이며, 심하게 말하면 더 이상 '사랑의 행위'는 아닐 것이다. 이러한 사랑의 행위에 대한 이해나 설명은 오직 그 행위가 완성된 이후 '반성'이란 것을 통해서만—비록 완전한 설명은 불가능하다 해도—가능한 것이다. 결국 우리는 이러한 토미즘의 관점을 통해서 "사랑은 이해를 전제하는 것이 아니라, 오히려 인생에 대한 이해는 '사랑'을 필요로 한다"고 말할 수 있을 것이다.

완전한 앎을 위해서는 사랑이 필요하다.

(『신학대전』 1~2권, 문 27)

2. 인생은 허무한 것인가, 완성해야만 하는 것인가?

흔히 실존주의자들은 인간의 현상을 '소유양식'과 '존재양식'이라는 두 가지 양태로 구분하고 있다. 소유양식이란 어떤 가치 있는 것들 가령 재산, 지식, 자격증, 학위, 직위, 명예 등을 나의 것으로 소유함으로 '삶의 의미나 가치'를 획득하고자 하는 삶의 방식을 말한다. 반면 존재양식이란 '나는 어떠한 존재인가?'라는 근본적인 물음으로부터 내가 소유하고 있는 것이 아닌 '나 자신인 것의 양태' 즉 '의로운 이', '깨어있는 사람', '진리를 추구하는 자' 등 '나의 내적인 동일성' 그 자체가 중요한 '삶의 의미이자 가치'로 여기는 삶의 방식을 말한다. 우리는 마찬가지로 이를 '앎'에 있어서의 '소유양식'과 '존재양식'으로 구분해 볼 수 있겠는데, 전자는 열심히 필기를 하고, 필기한 것을 열심히 암기하여 나의 기억 속에 저장하는 방식인데 이 경우 우리는 '지식'이 많다고 한다. 이 경우 필시 '학교성적'이 올라가고 모범학생으로 인정받겠지만 그렇다고 이 학생이 '의미 있는 삶'이나 '가치 있는 삶'을 영위하고 있다고 말할 수는 없다. 반면 후자의 경우는 필기를 하기보다는 '이해'하려고 하고, 암기를 하기보다는 학습한 내용의 문제를 이해하고자 하고 그 이해한 것을 자신의 삶에 적용하면서 '자신의 정체성'을 정립하고자 한다. 이러한 학생들은 반드시 학교성적이 올라가는 것은 아니겠지만 '자신의 자아'를 정립하고 자기다운 삶을 살아감으로써 '의미 있는 삶'을 영위하게 될 것이다. 전자는 사회적 성공에 가까이 다가가는 삶을 이루겠지만 '인생에 있어서 성공한 삶'과는 관련이 적다. 하지만 후자는 사회적 성공과는 관련이 적겠지만 '인생에 있어서 성공한 삶'을 영위할 확률이 매우 높다. 철학자들은 이러한 두 가지 종류의 앎을 '지식'과 '지혜'로 구분하기도 한다.

물론 모든 인간은 어느 정도 '소유양식'과 어느 정도 '존재

양식'을 동시에 지니고 있음은 당연하겠지만, 그럼에도 우리
는 어떤 사람은 존재양식의 삶을 어떤 사람은 소유양식의 삶
을 지니고 살고 있다고 말할 수 있을 것이다. 물질만능주의에
물든 구두쇠가 존재양식을 진닌 대표적인 사람이라면, '무소
유'를 지향하는 한 수도승은 존재양식을 가진 대표적인 사람
이라고 할 수 있다. 만일 '존재양식'의 삶이 '가지는 것' 혹은
'소유하는 것'으로 특징짓는다면, '존재양식'은 '되어지는 것'
혹은 '실현하는 것'으로 특징지을 수 있다. 만일 우리가 소유
양식의 문제점에 대해서 잠시 언급하자면, 이 소유양식은 인
간적 삶이 가지는 다양하고 풍요로운 가치를 일원화 혹은 수
평화 해버린다는 데에 있을 것이다. 가령 소유양식을 지닌 한
투자가가 '예술작품'에 투자를 하고자 할 때 이 투자의 기준
은 오직 '경제적 이득'일 것이다. 그는 하나의 작품이 가지는
심미적, 역사적, 문화적 그리고 예술적 가치에 대해서는 신경
을 쓰지 않을 것이며, 오직 이후 이 작품이 얼마의 가격상승
이 있을 것인가만 문제 삼는다. 즉 모든 다양한 가치를 '경제
적 가치'라는 하나의 지평에 수렴해 버리는 것이다. 이러한
소유양식은 실용주의와 무관하지 않다. 이를 이해하기 위해서
미(美)라는 가치의 측면에서 생각해 보자. 아름다움이란 바라
보고 음미하고 감탄해야할 그 무엇 즉 모든 실용적인 의미를
초월한 그 자체로 가치 있는 그 무엇임에도 불구하고 이러한
소유양식의 삶에서는 아름다운 것이 더 이상 그 자체로 가치

있는 것은 아니다. 모든 것이 경제적 가치로 환산되어 버리기 때문이다. 실용주의는 모든 존재의 가치를 박탈하고 가치 중립화 시켜버린다. 그런 다음 실용성으로서의 가치, 일반적으로는 경제로 환원된 가치를 내세우는 것이다. 사실상 아름다움이란 '경제적 지표'로 환원되고 '소유'되는 순간 이미 아름다운 것은 아닌 것이다. 이와 유사하게 우리에게 삶의 의미를 주는 우정, 자비, 정의 등 대부분의 가치는 그 자체 고유한 가치를 지니고 있는 것으로 '경제적 가치'와는 무관한 것들이다.

일반적으로 고·중세 철학자들이 인간의 현상을 고찰할 때 가장 두드러지는 것이 위를 향해 '상승하는' 실존적인 측면이다. 흔히 「빛의 형이상학」이라고 부르는 이러한 사유에서는 인간의 실존은 그 내면적인 필연성에 의해서 궁극적인 목적에로 상승하게 되는데, 이 상승의 지향점은 때로는 '이데아'로 때로는 '일자'로 때로는 '신'으로 불리기도 하였다.

존재의 등급에서 더욱 올라갈수록 우리는 보다 더 질료적 요소를 넘어서는 형상의 장점을 발견하게 된다. 식물적 영혼은 금속의 형상이 질료를 초월하는 것보다 더 질료를 초월하며, 감각적 영혼은 식물적 영혼이 그러한 것보다 훨씬 더 질료적 육체를 초월한다. 그런데 인간의 영혼은 형상들 중에 완성도에서 가장 상승된 것이다. 그의 능력은 육체적 질료가 전혀 개입할 수 없는 행위와 능

력을 소유할 만큼 매우 강하게 질료적 육체를 초월하고
있다.

(『신학대전』 1권, 문 76)

　　이러한 상승은 '존재의 상승' 혹은 '가치의 상승'이라고 할
수 있다. 가장 낮은 존재양태 혹은 가치양상인 육체적인 것에
서 감성적인 것으로, 감성적인 것에서 지성적인(이성적인) 것에
로 나아가 지성적인 것에서 가장 탁월한 양태인 영성적인 것
에로 상승하는 인간의 실존은 그 자체 하나의 '빛의 방산'처
럼 나타나고 있는 것이다. 이러한 '빛의 형이상학'이 인간을
이해하는 유일한 방식이라고 말할 수는 없겠지만, 여전히 인
류의 보편적인 한 문화적 가치로 인정받고 있다. 하지만 현대
인의 소유양식의 삶에서는 이러한 상승적인 빛의 형이상학은
더 이상 자신의 자리를 마련할 여지가 없다. 왜냐하면 소유양
식에서 가치란 오직 소유의 많고 적음이라는 하나의 수평적
인 가치만이 존재할 뿐이기 때문이다.

　　이제 존재양식의 특징에 대해 살펴보자. 존재양식이 '되어
짐' 혹은 '실현'이라는 양태로 나타난다는 것은 무엇을 의미
하는가? 아리스토텔레스는 인간의 영혼을 정의하면서 당양한
방식으로 정의하고 있는데 그 중하나가 '실현(entelecheia)' 혹
은 '되어 짐'이라고 하였다. 실현이란 무엇인가? 그것은 가능
성 중에 있는 어떤 것을 '현실화'하는 것을 말한다. 인간이 손

과 발을 가지고 걷고 붙잡으며, 귀와 눈을 가지고 보고 들으며, 정신을 가지고 생각을 하고 나아가 이 모든 것이 하나의 통일체를 이루어 인간다운 삶을 형성할 수 있는 것은 인간이 삶의 원리로서의 영혼을 지니고 있기 때문이다. 하지만 이러한 능력들이 탄생과 더불어 완성된 것은 아니다. 성장하면서 실현하는 것이다. 즉 영혼이 가능성 중에 있는 이러한 것들을 실현하는 원리인 것이다.

그런데 토마스 아퀴나스는 여기서 멈추지 않는다. 그는 인간의 영혼은 인간을 전체적으로 완성시키는 원리라 생각하였다.

> 인간의 영혼은 그 자체가 인간의 본성을 완성하도록 운명 지워진 형상이다.
>
> (『신학대전』 1~2권, 문 50)

어떤 것의 본성을 완성한다는 것은 무엇을 말하는가? 이에 대해 답하기 전에 다른 질문을 해보자. 어떤 것을 완성한다는 것은 무엇을 말하는 것일까? 무엇을 완성한다는 것은 어떤 행위의 '마침', '끝'을 전제하는 것이다. 만일 어떤 행위가 끝이 없이 무한히 나아간다면 여기엔 '완성'이란 개념이 있을 수 없기 때문이다. 그런데 어떤 행위가 끝이나 마침이 있다는 것은 '목적'이 있다는 것을 말하며, '끝냈다' 혹은 '마쳤다'는 것은 목적에 도달하였다는 것이다. 하지만 목적이 있고 끝이 있는 행위라고 해서 모두 그 마침이 완성이라고 말해지지는 않는다. 예를 들어 숙제를 하는 학생이 숙제를 모두 마쳤을 때는 '숙제를 완성했다'고 하지 않고 그냥 '숙제를 끝냈다'고 한다. 반면 집을 짓는 목수나 그림을 그리는 화가에게 있어서 '집을 짓는 행위'나 '그림을 그리는 행위'가 끝났을 때는 '완성되었다'라고 한다. 숙제를 하는 것과 집을 짓거나 그림을 그리는 행위에서 다만 '끝났다'고 하는 것과 '완성되었다'고 하는 이 차이는 어디에 있을까? 그것은 전자는 단순히 의무적으로 해야 할 일을 마쳤다는 것이며, 후자는 자신의 고유한 계획 혹은 자신의 고유한 작품을 산출하였다는 의미를 함축하고 있다. 즉 '완성되었다'는 것은 어떤 '작품을 산출하였다'는 의미를 함축하고 있는 것이다.

그런데 여기서 조금만 깊이 사유해 본다면 동일하게 어떤 작품을 완성하는 행위라도 이 작품이 어떠한 성격인가에 따라서 '완성'의 의미가 달라지는 것을 볼 수 있다. '집'이라는 것은 사전에 이미 완성된 '전개도'에 따라서 그 목적이 고정되어 있다. 반면 '그림'이라는 것은 애초에 모두 완성된 전개도가 있는 것이 아니라, 대략적인 밑그림만 있거나 아예 준비된 계획이 없이 화가가 자신의 고유한 내적인 무엇에 따라서 그려나가는 것이다. 즉 다시 말하면 목수와 같은 장인의 행위에는 고정된 어떤 목적에 따라서 행위가 이루어지지만, 예술가들에게 있어서 자신의 행위는 고정된 목적이 아닌 일종의 열린 목적을 가지고 즉 자유를 가지고 실행이 되며, 목적이 행위 중에 언제나 교정이 될 수 있는 것이다. 즉 장인의 행위와 화가의 행위에서 가장 큰 차이는 '고정된 목적'과 '자유'라는 것이다. 장인은 고정된 목적을 완성하는 것이며, 예술가는 자신의 자유에 따라 목적을 완성하는 것이다. 따라서 우리는 예술가들의 예술적 행위의 완성이란 일종의 '자기 자신의 창조'라고 말할 수 있다. 고정된 목적에 구속됨이 없이, 자유롭게 나 자신에 가장 고유한 어떤 것을 실현하는 것, 이것이 바로 예술가들의 자기 창조의 행위인 것이다. 예술가들에 있어서 작품의 창조는 자기 자신의 창조와 다르지 않다. 우리가 알고 있는 베토벤이나 고호의 개별적인 인격은 사실상 그의 작품들을 통해서 알려진 것이다. 그들의 완성된 작품이 있기 전의 베토벤이나 고호는 사실상 우리가 알고 있는 베토벤이나 고호가 아닐 것이다.

예술가들에 있어서 하나의 작품을 완성한다는 것은 잠정적으로 자기 자신의 자아를 완성하는 것이다. 이러한 의미에서 흔히 글을 쓰는 작가들이 자신들의 글을 쓰는 이유에 대해서 '우선 나 자신을 위해서 쓴다'고 대답하는 것은 과장 된 것이 아니다. 이처럼 완성이라는 것은 행위의 목적이 무엇인가에 따라서 의미가 달라지는 것이다.

 토마스 아퀴나스에게 듣는 인간학의 지혜

- 바실리 칸딘스키 (1866~1944)
  러시아 출생의 화가이자 예술이론가로서 피카소와 마티스와 비교되는 20세기의
  중요한 추상 예술가 중 한 사람.

칸딘스키는 추상화란 근본적으로 영감에 의해서 그려지는 그림으로 생각했는데, 그 예로 '즉흥화'란 것이 있다. 즉흥화는 가장 극단적인 추상성을 보여주는 그림인데, 칸딘스키가 그림 그리는 작업을 음악의 곡을 작곡하는 것에 비유하여 그린 것이다.

즉흥화란 그것이 무엇인지 알 수 없지만 화가의 내면에 무엇인가 강하게 표현하고자 하는 욕구가 있을 때 혹은 갑자기 어떤 영감이 떠오를 때, 아무런 준비작업 없이, 의도나 계획이나 밑그림 등이 전혀 없이, 즉흥적으로 그린 것을 말하는 것이다.

이러한 즉흥화는 칸딘스키에 의하면 그림이 어느 정도 완성의 단계에 이르기 이전에는 왜 그리는지, 무엇을 목적으로 그리는지, 동기나 목적에 대해서 화가 자신도 알 수 없다고 한다. 오직 그림이 그 완성을 앞두고 있을 때 비로소 화가가 '아 그렇구나!'라고 스스로 이해하게 된다고 한다.

따라서 이러한 즉흥화는 오직 화가의 무의식적인 어떤 욕망 혹은 영감에 의존하는 것으로서, 자신의 무의식의 어떤 것을 의식화하는 과정으로서의 예술행위라고 보아야할 것이다. 물론 칸딘스키는 이 영감을 종교적인 것 혹은 영적인 것과 결부시키고 있다. 어느 것이든 이러한 추상화의 실현은 결국 화가 자신의 내적인 어떤 것 즉 자아를 실현하는 한 방편으로 이해할 수 있는 것이다.

학생들의 숙제 장인의 공작행위 화가의 예술행위	의무적인 목적 자발적이나 고정된 목적 자발적이며 자유로운 목적	⇓ 보다 자발적이고 자유로운 목적일수록 완성은 심오하고 자기 자신의 실현에 가깝다.

그런데 우리는 '인생'에 있어서 완성이란 것을 생각해 볼 수 있을까? 만일 생각해 볼 수 있다고 한다면 무엇에 있어서 완성이란 말이 의미를 가지는 것일까? 사실 인생에 대해 완성이란 말을 사용할 수 있다면 그것은 인생을 마치 예술가의 예술 작품처럼 고려할 때일 것이다. 인생에 대해 비극적인 관점을 가진 사람에게는 인생이란 '부조리'하고 '모순되고', '허망하고' 심지어 '역겨운 것'에 지나지 않는다. 이러한 관점에서는 '완성'이란 말 자체가 '웃음거리'에 지나지 않을 것이다. 하지만 토마스 아퀴나스나 다른 많은 중세철인들처럼 인생을 마치 하나의 선물처럼 고려하고, 궁극적인 목적에로 향하는 여정이라고 생각하는 사람들에게는 '완성'이라는 말은 유일하게 인생을 마지막까지 의미를 가지게 하는 용어이다. 왜냐하면 마치 예술가들이 작품을 통해서 자신의 자아를 잠정적으로 완성하듯이 죽음이란 지상에서의 자신의 자아를 완성하는 순간이기 때문이다. 마치 대나무의 매듭처럼 개구리의 웅크림처럼 죽음은 새로운 자아의 시작이요, 궁극적 목적을 향한 도약이기 때문이다. 그렇다면 인생에 있어서 '완성'이란 말은

구체적으로 무엇을 의미하는 것인가?

이에 답하기 위해서 위에서 제시했던 '영혼이 본성을 완성하는 원리'라는 말의 의미를 성찰해보자. 우선 완성이란 말이 의미를 가지기 위해서는 인생이란, 정확히 말해 한 생명의 탄생이란 다만 우연한 사건이 아니라 어떤 목적을 가지고 있는 계획된 사건이라고 보아야 한다. 나의 '탄생'이 단순한 우연인가, 아니면 어떤 구체적인 이유가 있는가? 하는 문제는 사실상 증명할 수 있거나 정답이 있는 문제는 아니라고 보아야 한다. 하지만 이를 다른 차원에서 생각해보면 즉 형이상학에서 생각해보면 사정이 달라진다. 가령 암탉은 무엇을 위해서 사는가? 혹은 콩은 왜 존재하는가? 라는 질문들에 대해서 형이상학적으로 대답하자면 암탉은 알을 낳고 병아리를 까고 병아리를 기르는 것을 위해서 산다. 그리고 콩은 콩나물이 되거나 콩 나무가 되어 다른 많은 콩을 열매 맺기 위해서 산다. 왜냐하면 그것이 그들이 가진 '본성(natura, natural)'의 원리이기 때문이다. 즉 모든 본성을 가진 존재들은 본성대로 자신들의 존재를 실현 혹은 완성하기 위해서 사는 것이다. 그렇다면 인간은 왜 사는가? 인간은 인간의 본성을 실현 혹은 완성하기 위해서 사는 것이다. 그렇다면 인간의 본성이란 도대체 어떠한 것인가? 여기에 모든 어려움이 있다. 인간의 본성에 대한 견해는 철학자들마다, 종교마다, 문화마다 조금씩 다르게 보고 있거나 아예 대립되는 생각을 가진 경우도 많기 때문이다.

　여기서 이러한 인간의 본성에 대한 몇 가지 유형을 상기해보자. 가령 진화론에서는 인간이란 '진화의 첨단에 있는 고등동물'로서 다른 모든 동물들과 근본적으로 구별되지 않고 다만 '신경체계와 두뇌'가 아주 발달한 동물이라고 생각하며, 그리스도교에서는 인간이란 '신의 이미지'를 가지고 창조되었으며, 궁극의 목적 즉 천국을 향해 나아가는 존재라고 생각되며, 레비나스와 같은 사람은 인간이란 본질적으로 윤리·도덕적인 존재로서 도덕적인 삶을 실현하도록 불림 받은 존재라 생각하며, 사르트르와 같은 철학자는 인간이란 모든 것을 스스로 규정하는 '자유 그 자체'라고 생각하였다. 반면 불교에서는 이러한 모든 생각들이 '허상'이라 생각하고 인간은 '무(無)'와 같은 존재라고 생각하였다. 그런데 이러한 사유들에 있어서 보다 나은 것 혹은 선호할 만한 것이 있는가? 아니면 모든 것은 결국 개인이 자유롭게 선택할 수 있는 것인가? 아마도 토마스 아퀴나스라면 '예', '아니오'라는 대답 대신 이를 다른 식으로 대답할 것이다. 이러한 모든 사유들은 '실재'의 어느 일면을 드러내는 진리들이며 그 어느 것도 실재를 완전히 혹은 보다 참되게 보여주는 것은 없다고 할 것이다. 왜냐하면 토마스 아퀴나스에게 있어서 존재 그 자체는 인간의 인식에 대해서 초월적인 것이기 때문이다. 물론 이러한 토미즘의 사유가 '물자체란 알 수 없는 것'이라는 칸트식의 사유와 동일한 것은 아니다. 토마스에게 있어서 '실재'란 알 수 없는 것이 아니다. 인간의 지성은 실재의 속성이나 본질을 알 수 있을 뿐 아니라, 실재가 가진 것 이상을 알 수 있다. 다만 실재를 총체적으로 혹은 절대적으로는 알 수는 없다고 생각할 뿐이다. 인간의 본성에 대한 토마스 아퀴나스의 사유는 지극히 경험론적이다.[1] 자연적으로 발생하는 생물학적 욕구를 고찰하면서 인간은 본성상 이러한 자연적 욕구를 지니고 있음을 알고, 맛 좋은 것 먹고자 하고 아름다운 것을 보고자 하는 감성적인 욕구들을 고찰하면서 본성상 이러한 것을 가지고 있음을 알고, 무엇을 알고 이해하고자 하는 욕구들을 보면서 이러한 것이 자연적인 본성에 의한 것임을 알고 나아가 자신보다 큰 것, 어떤 신성한 것을 갈망하는 욕구를 보면서 영적인 욕구를 본성적으로 지니고 있음을 아는 것이다. 그런데 이러한 욕구들을 만족시킨다는 것 혹은 채워준다는 것은 무엇을 의미하는가? 그것은 곧 '되어짐' 혹은 '실현'을 의미한다.

토마스의 목적론적인 사유에서 생물학적인 것은 감성적인 것을 목적으로 하고 감성적인 것은 지성적인 것을 목적으로 하며 나아가 지성적인 것은 영성적인 것을 목적으로 하고 있다. 즉 생물학적인 것은 감성적인 것에 도달하여 완성을 이루고, 감성적인 것은 지성적인 것에서 그만의 고유한 완성에 이르며, 지성적인 것은 영성적인 것에 이르러 그의 완성을 이루

---

[1] 본서 77쪽, 〈도표 1 : 『신학대전』 I-II(q. 26)에서 분류되는 욕구들(appetitus)과 사랑〉을 참조.

는 것이다. 그렇다면 영성적인 것은? 그것은 자신보다 더 큰 것, 즉 신성한 것에 이르러 그만의 고유한 완성에 이를 것이다. 그러기에 토미즘에 있어서 자연스러운 인간적인 삶이란 지속적인 '자기실현'과 '자기초월'이라는 형식으로 나타나며, 인간의 영혼이란 이러한 초월적인 삶에 자연스러운 것으로 혹은 이러한 초월적인 삶을 일상적으로 가지는 그러한 원리이다. 여기서 우리는 다시 문제를 한 개인의 삶에로 전환하여 보자. 한 개인이 자신의 본성을 완성한다는 것은 무엇을 의미하는 것인가? 이러한 질문은 토미즘에 있어서는 피할 수 없는 질문이다. 왜냐하면 영혼은 태생적으로 그리고 본질적으로 개별적인 영혼이기에 개별적인 존재의 원리이며, 개별적인 삶의 원리이지, '인간으로서의 인간존재'의 원리이거나 '보편적인 인간의 삶'의 원리가 아니기 때문이다. 공자나 맹자에게 있어서 이러한 개별적인 삶의 원리나 개별적인 삶의 완성은 질문 외이다. 왜냐하면 공자나 맹자가 말하는 인간적 삶의 궁극목적으로서의 '군자'란 모든 인간에게 보편적으로 적용되는 보편적인 존재이기 때문이다. 하지만 토마스에게 있어서 이러한 보편적인 존재로서의 '군자'란 한 개별적인 존재자의 내부에 관념적으로 존재하는 것이며, 나의 개별적인 삶에 분리된 보편적인 '군자'란 있을 수가 없기 때문이다. 그렇다면 나의 개별적인 삶에 있어서 '완성'이란 무엇을 의미하는 것일까?

여기서 다시 '장인의 행위'와 '예술가의 행위'라는 비유를 상기해보자. 만일 내가 '나의 인생'을 마치 작품을 완성하듯 그렇게 완성해가고 있다고 가정하자. 이 경우 나는 결코 내 인생을 마치 장인이 작품을 만드는 것처럼 그렇게 완성할 수는 없을 것이다. 아마도 예술가가 예술작품을 완성해가듯 그렇게 완성해가고 있다는 비유가 보다 적합할 것이다. 왜냐하면 장인의 공작에 비유된 나의 인생은 '고정된 목적'을 향해 나아가는 것이 될 것이며, 이 경우 나의 모든 '자유'는 제거되고 말 것이기 때문이다. 내가 어떤 공부를 할 것인가, 내가 어떤 친구를 사귀고 어떠한 단체에 가입할 것이며, 내가 어떠한 직업을 가지고 누구와 결혼할 것인가 하는 내 인생에 중요한 부분을 차지하고 있는 대부분은 나의 '자유'를 전제로 한다. 왜냐하면 타의에 의해 이루어진 어떤 것을 '나의 인생'이라고 할 수는 없기 때문이다. 마지못해 따라간 여행을 나의 여행이라고 할 수 없듯이, 인간은 누구나 자기 자신의 고유한 의지로 무엇인가를 이루고 인생을 갈 때만 '나의 인생'이라고 할 수 있는 것이다. 그런데 여기서 하나의 중요하고도 본질적인 질문이 있을 수 있다. 그것이 무엇이건 '완성'이란 '목적'을 전제하는 것이라면, '고정된 목적'을 전제하지 않는 '완성' 즉 개인의 자유를 보장하는 '완성'이란 무엇을 의미하는 것인가? 나의 자유의지를 전혀 배제하지 않는 목적이란 무엇을 의미하는가? 순수하게 나의 의지로서 '선택'하는 목적을 말하는 것인가? 즉 목적 자체를 내가 선택할 수 있는 그러한 목적인

가? 그렇지는 않다. 만일 목적 자체가 나의 자유에 달린 것이라면 나는 목적 자체를 거부할 자유도 있어야 하기 때문에 이는 논리적으로 모순이 된다. 그렇다면 나의 자유도 배제하지 않으면서, 나의 의지에 전적으로 달려있지 않는 그러한 목적이란 어떠한 목적이란 말인가? 토미즘에 있어서 가장 섬세하고도 해명하기 어려운 부분이 바로 이 '자유'와 '생의 궁극적 목적'사이의 관계일 것이다.

자유와 궁극적인 목적 사이의 이 관계에 깊이 들어가기 이전에―다음 장에서 이를 보다 깊이 다룰 것이다―우리는 단순하게, 토미즘의 자유는 절대적인 자유가 아닌 상대적인 자유를 의미한다고 정의할 수 있다. 즉 궁극적인 목적지는 나의 자유에 달린 것은 아니지만 그 목적지에 도달하는 방법이나 과정은 전적으로 나에게 달린 목적이며 자유이다.

하지만 과정과 방법에 있어서 자유롭다는 것은 인간이 생각할 수 있는 가장 긍정적인 의미의 자유가 아닐까 한다. 여행의 목적지가 정해졌지만, 어떻게 가야하는지, 어떤 길로 가야하는지 그리고 언제까지 가야하는지 모든 것이 '자유로운 여행' 이것이야 말로 모든 것이 허락된 여행이요, 말 그대로 자유로운 여행일 것이다. 만일 여기서 여행의 목적지를 내가 선택하거나 나아가 여행자체를 포기할 수 있는 자유까지도 허락된다는 것은 이미 더 이상 인간적인 여행이 아니며, 더 이상 선물이라고도 할 수 없다. 인생이 선물인 것은 '생의 의미'가 확보되어야만 한다. 그것이 무엇이건 진정한 선물에는 '의미'가 담겨 있어야 한다. 가령 '시계'를 선물로 준다는 것은 그것을 가지고 시간을 잘 알 수 있고, 시간을 유용하게 보내라는 의미를 담고 있을 것이며, '연필'이나 '볼펜'을 선물로 준다는 것은 '좋은 글을 쓰라'는 의미를 담고 있을 것이다. 즉 선물이란 '풍요롭고 유익한 삶'을 위한 그 무엇의 의미를 담고 있다. 하지만 그 선물을 언제 어디서 어떻게 사용하는가는 전적으로 '선물을 받은 사람'의 자유의지에 달린 것이다. 그런데 만일 선물을 받은 사람이 그 선물을 책상서랍에 넣어두고 전혀 사용하지 않거나, 필요한 다른 물건과 교환을 헤비린다면 이미 그것은 '선물'이 아니다. 이처럼 인생이 하나의 의미를 담고 있는 선물이라는 것은 인생을 어떻게 형성하든 어떠한 방식으로 보내든 그리고 무엇이 되든지 그것은 전적으로 나의 자유에 달린 것이지만, 인생이 의미 있고 소중한 것이 되어야 한다는 것을 전제하는 것이다. 나에게 의미 있고 소중한 인생 그것은 곧 '나의 인생'이 되어야 한다는 것을 전제한다. 나의 자유의지에 의해, 나만의 고유한 '본질'이 실현되는 '자아실현'이란 의미를 담고 있는 것이다. 이러한 '자아실현'의 전제조건 하에서 인간은 그 무엇이건 원할 수 있으며, 그 무엇이라도 바랄 수 있으며, 그 어떤 것이건 '되어 질 수' 있는 것이다. 즉 나의 자유는 나의 궁극적인 목적을 전제할 때 진정한 의미를 가질 수 있는 것이다.

　죄가 아닌 한 인간에게는 모든 것이 허락되어 있다. 허락되어 있다기보다 차라리 권장되어 있다고 말하는 편이 나으리라. 운동을 하고, 그림을 그리고 노래를 부르며, 자연을 관찰하고 실험을 하며, 대화와 소통을 하고 사랑을 나누며, 여행을 하고 세계와 우주의 모습을 상상하고 그리고 기도를 하며, 신의 존재와 섭리에 대해서 명상하는 것… 이 모든 것이, 예외 없이 모든 것이 허락되고 권장되어 있는 것이다. 왜냐하면 인간은 이러한 것에 관심을 가지고 이러한 것을 음미하면서 자신 속의 깊숙한 곳에 숨겨진 그 무한한 능력을 발견하고 무언가가 '되어지는 것'이다. 이러한 의미에서 '게으름'은 '생산활동'에 반대되는 개념이 아니다. 오히려 오직 자신의 실현과 무관한 기능적인 일에 몰두하느라 이 모든 인간적인 활동을 등한히 하는 것, 이것이 '정신적인 게으름'이라고 해야 할 것이다.

　이러한 지평에서 다시 처음의 주제로 돌아가 보자. '인간의 영혼이 인간의 본성을 완성한다'는 것은 무엇을 의미하는가? 루이라벨은 "모든 인간은 각자 자신 안에 성인(saint)이 될 가능성을 지니고 있다"[2]고 한다. 그리고 성인이 되기 위해서는 '자신의 극단까지 나아가야 한다'고 한다. 즉 자신이 가진 고유한 어떤 것을 최상으로 실현할 때 거기에 성인이 실현되는

---

[2] 루이라벨, 『성인들의 세계』, 최창성 역, 가톨릭출판사, 1997, p.18.

것이다. 토마스 아퀴나스는 이를 다음과 같이 표현하고 있다.

> 신의 이미지가 어떤 것에서 나타나기 위해서는 이 어떤 것이 완성의 최고 극치(ultimum genus perfectionis)에 도달해야 한다. 이러한 완성에서 피조물은 휴식을 취하는 것이다.
>
> (『진리론』, 정신에 관하여, 1장)

여기서 나타난다는 것은 가능성(potentia)으로 있는 어떤 것이 현실성(actus)으로 된다는 것이다. 즉 어떤 신성한 것을 의미히는 신의 이미지는 우리 모두에게 가능성으로서 주어져 있으며, 이는 곧 '되어짐' 혹은 '실현'의 문제인 것이다. 즉 모든 인간은 인간이라는 이유만으로 '성인'이 될 가능성을 지니고 있으며, 이러한 이유로 인간은 그 자체 판단할 수 없고 평가할 수 없는 어떤 가치를 지니고 있는 것이다. 이 가능성은 모두에게 있어서 유사하지만 그러나 모두에게 있어서 개별적인 것이다. 즉 나에게 있는 성인이란 절대적으로 '내'가 되는 것이다. 나의 모든 가능성을 실현할 때 나는 다른 모든 이와 구별되는 성인이 되는 것이다. 그러기에 성인이 있는 만큼 각기 다른 성인의 이미지가 있는 것이다. 물론 이러한 가능성의 실현은 전적으로 인간의 자유의지에 달려있다. 인간은 성인이 될 가능성도 있지만 또한 악마가 될 가능성도 있다. 인간에게는 모든 것이 되어질 가능성이 있다. 우리를 둘러싸고 있는 환경은 우리의 자유의지를 제한하겠지만, 그러나 우리의 자유의지를 완전히 제압할 수는 없을 것이다. 만일 그렇다면 이 자유의지는 더 이상 '자유의지'가 아닐 것이다.

인간은 자유로운가?

1. 무관심의 자유와 자유의지로서의 자유

인류의 역사는 자유를 향한 투쟁의 역사로 볼 수 있다. 동물과 인간의 차이점이 '자유'를 갈망하는가, 않는가로 구분할 수 있을 만큼 인간은 본질적으로 자유를 추구하고자 한다. 기차나 비행기 등 교통수단은 거리의 장벽으로부터 자유롭고자 하는 것이며, 의학기술을 발전시키는 것도 '질병'으로부터 자유롭고자 하는 것이며, 경제적인 안정을 추구하는 것도 따지고 보면 '자유로워지고자'하는 것이며, 수도생활을 고안한 것도 세속적 삶의 굴레로부터 자유롭고자 하기 때문이다. 그런데 자유란 무엇인가?

가장 일차적으로는 내가 원하는 것을 어떠한 방해도 받지 않고 무엇이건 할 수 있는 행위의 자유이다. 이러한 자유는 나의 행위에 있어서 어떠한 목적이나 구체적인 의미를 부여하지 않은 채, 단순히 '내가 원하는 것'을 한다는 것이다. 이러한 자유는 사실상 자유라고 할 수도 없을 만큼 가치가 배제된 하나의 자유이다. 이러한 자유는 윤리·도덕적인 행위의 차원에서는 마치 '무관심의 자유'처럼 나타난다. 왜냐하면 이러한 자유는 아무것도 '결정되지 않음' 혹은 '어떠한 척도도 배제되어 있음'—왜냐하면 그것이 무엇이건 이러한 척도는 나의 자유를 제한 할 것이기에—이라는 일종의 무정부주의적인 이념 위에서 성립하는 자유이기 때문이다. 우리는 이러한 '가치로부터 무관심한 자유'를 가장 낮은 차원의 자유라고 할 수 있을 것이다.

이와는 달리 우리가 자유에 대해 말할 때 우리의 자유로운 행위가 하나의 목적을 지향하는 경우가 있는데, 이때 이러한 목적은 어떤 실제적인 중요성을 지니고 있다. 우리가 선택의 행위라고 부르는 행위는 대부분 이러한 목적지향적인 행위이다. 가령 돈을 선택할 것인가, 친구를 선택할 것인가라는 선택의 경우 그것이 어떠한 선택이든 자유로운 선택이라고 한다면 여기엔 나의 자유의지에 의해서 선택된 행위를 말하는 것이다. "의지는 원하는 능력이며, 자유의지는 선택의 능력이기에(신학대전 1권, 문 83)" 이러한 자유의지의 행위는 단순히 '원

하는 행위'보다 더 고차적인 행위이다. 왜냐하면 선택의 행위
는 반드시 하나의 가치에 대한 반성이 전제되기 때문이다. 비
록 어떤 선택행위는 전혀 반성되지 않는 직관적인 행위라 할
지라도 최소한의 무의식적인 가치 판단이 동반된다는 것은
분명하다. 즉 나의 선택의 행위는 나의 가치관에 근거하여 보
다 가치 있는 것을 선택할 수 있다는 것을 의미한다. 이러한
자유는 '단순히 내가 원하는 것'을 행위 하는 것이 아니라,
'내가 가치 있다고 생각하는 것' 혹은 '내가 옳다고 생각하는
것'을 선택하는 것이기에 전혀 가치를 문제 삼지 않는 '무관
심의 자유'보다 차원 높은 자유인 것이다. 사실 토마스 아퀴
나스가 말하고 있는 '자유' 혹은 '의지의 자유'란 이러한 선택
행위의 자유를 말하는 것이다.

> 만일 그것이 선하다고 하는(좋은 것이라고 하는) 이유가
> 없다면, 의지는 결코 움직이지 않을 것이다.
>
> (『신학대전』 1권, 문 82)

> 판단이란, 숙고의 행위가 끝나는 결론을 말하다. (…중
> 략…) 선택이란, 그 자체가 어떤 판단처럼 고려된 것이다.
> 이러한 것에 의해서 사람들은 (선택의 행위를) '자유 의
> 지(*libero arbitrio*)'라고 칭하는 것이다.
>
> (『신학대전』 1권, 문 83)

　만일 이러한 선택의 행위에 있어서 전혀 가치를 문제 삼지 않는다면, 나는 어떤 의미에 있어서 나 자신을 배신하는 것이며, 나 스스로를 부정하는 것과도 같다. 왜냐하면 나의 정신이 옳다고 하는 것, 혹은 마땅히 해야 한다고 하는 것을 거부하거나 문제 삼지 않는 행위는 더 이상 내가 주인인 '나의 행위'가 아닐 것이기 때문이다. 즉 선택의 자유에 있어서 '자유로운 행위'는 본질적으로 의미 있는 행위인 것이다. 자유로운 행위가 나 자신이 행위의 주인인 그러한 행위라는 측면에서 자유로운 행위는 나로 하여금 마치 나 자신을 조각하듯이 '나 자신인 것'을 하도록 하는 것 이라고 말할 수 있다. 반면 우연적인 행위 혹은 무의미한 행위란 누구를 통해서라도 실행될 수 있으며, '나 자신인 것'을 전혀 부여해 주지 않는 행위라고 할 수 있다. 물론 이러한 구분은 아직 모호한 측면이 있으며 본질적으로 복잡한 인간의 행위를 충분히 설명해주고 있지는 않다. 가령 나의 정신은 우선적으로는 '정의로운 행위'를 해야 한다고 생각하지만, 다른 한편 가족이나 동료 혹은 회사를 위해서 '정의롭지 않은 행위'를 할 수밖에 없다고 생각할 수도 있다. 이 경우 어떤 것을 선택하든지 그것은 내가 선택한 나의 자유로운 행위라고 할 수가 있을 것이기 때문이다. 예컨대 인간의 행위란 실존주의자들이 잘 표현해 주고 있듯이 본질적으로 '망설이는 행위', '선택의 기로에서 괴로워하는 행위'일 수밖에 없기 때문이다.

하지만 어느 것을 선택하든지 만일 그것이 숙고를 동반한 가치판단의 행위라고 한다면 그것은 나의 자유로운 행위라고 해야 할 것이다. 사람들이 자기 합리화라고 하는 것은 사실상 '자유롭지 않은 행위'를 '자유로운 행위'로 애써 변호하고자 하는데서 발생한다. 예를 들어보자. '공금횡령'이나 '청탁수령' 등 해서는 안 될 일을 순간적인 욕심에 의해 선택해 버린 어떤 사람이 나중에 그 일이 발각되어 어려움에 처하게 되었다고 하자. 이 사람은 십중팔구 자신의 행위를 정당화할 어떤 상황에 대한 설명을 하게 될 것이다. 즉 '당시 자기 딸의 수술비가 절실히 필요하였다'든가 '높은 사람의 부탁으로 거절 할 수가 없었으며, 누구나 그 상황이면 청탁을 수락할 수밖에 없었을 것'이라고 변명을 하게 되는 것이다. 이러한 변명이란 결국 당시 자신의 행위가 이성적이고 합리적인 판단에 근거한 어쩔 수 없는 행위였다는 것을 증명하고자 하는 것이다. 즉 윤리·도덕적으로 해서는 안 될 일이지만, '당시의 상황상 어찌할 수없는 선택'이라는 것이다. 즉 자신의 행위를 당시의 상황을 재구성해 '자신의 자유로운 판단에 의한 행위'로 합리화하는 것이다. 모든 상황을 고려하며 그 상황에서 이성적이고 합리적인 판단과 선택, 이것은 곧 자유의지에 의한 행위이다.

양도 늑대를 보면 도망쳐야한다고 판단한다. 그러나

이러한 판단은 자연적인(본능적인) 판단이며 자유로운 판단은 아니다. (…중략…) 반면에 인간은 자유로운 판단 이후에 행동한다. 왜냐하면 어떤 것을 추격하여야 할지, 도망쳐야 할지를 판단하는 것은 앎의 능력을 통해서이기 때문이다. (…중략…) 따라서 인간은 그가 이성을 타고났다는 그 이유만으로 자유 의지(*libero arbitrio*)를 가지고 있다는 사실은 필연적인 것이다.

(『신학대전』 1권, 문 83)

따라서 자유의지에 의한 행위는 무엇이나 이성적이며 합리적인 행위이다. 순간적인 충동에 의한 선택이나 주사위를 던져 선택한 우연적인 선택은 선택의 행위이지만 자유의지에 의한 행위가 아니며, 엄밀히 말해 자유로운 행위라고 할 수가 없다. 나의 자유의지에 따라 선택하고 행위 한 것은 합리적이고 이성적인 것이며, 소극적인 의미에서의 '필연적인 행위'이다. 이러한 행위는 차후 주어질 어떤 결과에 대한 책임성을 — 최소한 무의식적으로 나마 — 염두에 두고 있으며, 행위의 결과가 어떠한 것이든 결과에 대한 '수용'과 '감수'라는 어떤 도덕적인 겸허함이 동반되는 것이다. 그러기에 진정 자유의지에 따른 행위는 주체적이고 자발적이며 도덕적인 것이다.

사람은 이것 또는 저것을 선택할 수 있다는 측면에서 자신의 행위의 주인이다.

(『신학대전』 1권, 문 82)

그것이 무엇이든 '자유로운 행위' 즉 나의 '자유의지'에 의해 실행된 행위에는 '합리화'나 '변호'가 있을 수 없다. 왜냐하면 자유로운 행위는 '나 자신인 것'을 행위 한 것으로 '나의 행위' 그 자체가 나를 변호하고 합리화 해주고 있기 때문이다. 자기합리화란 사실상 '나의 자유'를 통해 행위 되지 않은 어떤 행위를 애써 '자유롭게 행위 했다'고 변호하는 것을 말하며, 이는 사실상 아주 힘들게 내가 나 자신을 속이고 있는 셈이 될 것이다.

만일 우리가 '자기합리화'라는 인간의 행위를 좀 더 숙고해 보면 여기엔 '나는 나 자신이고 싶다'는 '자유에의 갈망'이 도사리고 있음을 발견할 수 있다. 잘못된 행위가 나쁜 결과를 낳았을 때 사람들은 '후회'를 한다. 그러나 만일 그 잘못된 행위가 진정 나의 자유의지에 의한 행위였다면 후회는 있을 수가 없다. 왜냐하면 당시로서는 그것이 '최선의 선택'이었기 때문이다. 즉 '후회'란 나의 자유의지가 아닌, 타율적으로-순간적인 감정에 의해, 나쁜 사람들의 유혹에 의해, 권력자들의 압력에 의해 등-행위 된 행위에 대해서만 주어질 수 있는 것이다. '후회'라는 것은 무엇을 의미하는가? 그것은 당시의 나의 행동이 나 스스로의 판단에 의해 그리고 나의 자유의지로서 자유롭게 행위 하지 못한 것에 대한 후회인 것이다. 즉 다시 말해 과거의 나의 행위가 사실상 '나의 행위'가 아니었다는 것 혹은 '내 행동의 주인이 내가 아니었다는 것'에 대해서 후회하는 것이다. '후회'란 내가 자유롭지 못한 것에 대한 후회인 것이다. 만일 인간이 '자유롭고자' 원하지 않는다면, 인간은 결코 후회를 하지 않을 것이다. 자유롭고자 하는 것은 곧 '나 자신'이고자 하는 것이다. 이처럼 인간이 애써 '자유의지'를 행사하고자 하는 것은 곧 '나 자신'이기를 갈망하기 때문이다.

2. 신의 섭리와 인간의 자유는 양립될 수 있는가?

이제 다른 한 차원, 즉 형이상학적인 차원에서 '자유'의 의미를 생각해보자. 형이상학적인 의미에서의 자유란 다양한 의미를 가지고 있지만 그 첫 번째 의미는 자유를 '존재론'적으로 고려하는 것을 말한다. 이는 자유를 인간이 가진 한 능력이나 속성으로서 고려하는 것이 아니라 마치 인간 그 자체가 '자유'인 것으로 나타나는 그러한 차원에서 고려하는 것을 말한다. 이러한 자유에 대한 고려는 현대의 실존주의철학에서 두드러지는 현상인데, 사르트르 같은 철학자의 사상은 전적으로 이러한 자유에 대한 존재론적인 고려를 중심으로 형성되어 있다. 어떤 의미에서 니체의 초인사상도 그 핵심에는 이러한 자유개념이 자리 잡고 있다고 할 수 있다. 기존의 모든 윤리·도덕적인 가치들이 혹은 인생관이나 세계관이 부정 되었을 때, 우리에게 남는 것은 무엇인가? 만일 그럼에도 유일하게 남아 있는 가치 있는 것이 있다면 그것은 인간은 '자유롭다'는 것이다. 즉 스스로 새로운 질서와 새로운 가치를 형성할 수 있는 '자유'일 것이다. 그리고 사르트르와 같이 삶이란 구토를 유발하는 이해 불가능한 부조리 그 자체라고 생각하는 철학자들에게는 이러한 '자유'야 말로 인간의 본질이며 인간을 규정하는 전부이다. 그가 '인간은 자유다'라고 선언했을 때, 이 자유는, 토미즘의 입장에서 보자면, 인간을 작은 신(神)으로 간주하는 선언이다. 왜냐하면 인생의 궁극적인 목적을 정하는 것은 결코 인간의 자유에 달린 것이 아니기 때문이다.

> 선택이란 최종 목적과 관계하는 것이 아니라 그것에 도달하는 방법과 관계된 것이다. 따라서 인생의 최종적인 목적의 선택은 우리가 주인인 그러한 행위 (즉 자유의지의 행위)에 속하지 않는다.
>
> (『신학대전』 1권, 문 82)

무엇이건 원하는 대로 선택할 수 있다는 이러한 자유가 만일 존재론적인 차원에서 그대로 적용이 된다면, 존재하거나 않거나 하는 것 역시도 자신의 자유에 달렸다는 것이 된다. 삶을 지속할 것인가? 삶을 포기할 것인가? 하는 문제는 이러한 절대적인 자유에 있어서는 '가치중립적인 것'이며, 인간은 자유의지를 통해 어느 것이든 선택할 수가 있다. 흔히 쇼펜하

우어의 '자살 예찬론'이라 부르는 것도, 사실상 이러한 절대적인 자유개념이 그 정신적인 지주를 이루고 있다는 것을 의미한다. 이러한 절대적인 자유에 대한 개념은 오늘날 많은 무신론적인 일상인들에게는 상당히 매혹적인 것이며, 도덕적으로 보자면 일종의 유혹처럼 나타나고 있다. 이는 마치 어린이가 아주 아름다운 독버섯을 보고, 독이 든 사실을 알고 있지만 그 아름다움에 매혹되어 먹어보고 싶은 충동을 느끼는 것과 유사하다고 할 수 있을 것이다. 이러한 절대적인 자유에 대한 이념이 인간적 삶에 미치는 가장 큰 폐해는 더 이상 '진리'라는 말이 인생에 있어서 아무런 의미도 가질 수 없게 되어 버린다는 데에 있을 것이다. 왜냐하면 진리라고 할 수 있는 모든 것도 사실상 인간의 자유로운 선택 즉 사회적 합의에 달려버리기 때문이다. 언제라도 수정가능하고 자유롭게 처분될 수 있는 잠정적인 진리는 더 이상 진리가 아닐 것이기 때문이다.

이러한 절대적인 자유는 '인생의 궁극적인 목적의 선택은 인간의 자유의지에 달린 것이 아니다'는 토미즘의 명제를 통해 반박될 수 있겠지만, 굳이 인생의 궁극적인 목적을 고려하지 않아도 '철학적 진술'이라는 차원에서 그 자체 모순된 논리라는 것은 쉽게 이해할 수 있다. 왜냐하면 '절대적 자유'에 대한 선언은 철학이 '정신의 성실성이란 이념을 드러내는 것'이란 점에서 결코 철학자의 이름에 어울리는 선언일 수 없기 때문이다. 즉 한 철학자가 '절대적 자유'를 선언한다는 것은 마치 '나는 철학자가 아니다'고 선언하는 것과 같기 때문이다. 이는 마치 '나는 돈을 무시하는 장사꾼이다'고 말하는 것처럼 모순된 것이다. 그런데 정신의 성실성이란 무엇을 의미하는가? 일찍이 아리스토텔레스는—사실 파르메니데스의 말을 빌린 것이지만—'진리란 있는 것은 있고, 없는 것은 없다고 하는 것'이라고 규정한바 있다. 하지만 엄밀히 말해 이는 '진리'를 말하고 있는 것이 아니라, '정신의 성실성'을 말하고 있는 것이다. 진리(眞理)란 말 그대로 '참된 이치 혹은 원리'를 말하는 것이지, '사태를 성실히 기술하는 것'을 말하는 것은 아니기 때문이다. 있는 그대로의 사태를 왜곡 없이 기술한다는 것은 진리를 말하는 것이 아니라, 사실을 말하는 것으로 말하는 자의 정신이 사태 그 자체에 성실하다는 것을 말하는 것이다. 바로 이것이 '정신의 성실성'이라고 하는 것이다. '일상의 언어들을 그 의미를 정확하게 분석하여 애매모호한 것을 제거하며, 분명하게 의미를 드러내는 것'이란 분석철학의 정신은 사실상 그 자체 '철학'을 의미하는 것이 아니라, 모든 철학함의 전제 조건인 '정신의 성실성'을 말하는 것이다. 그렇다면 인간을 그 자체 자유로 규정하는 '절대적인 자유'의 선언이 왜 이러한 정신의 성실성에 위배되는 것인가?

이를 이해하기 위해서는 '지적환경' 혹은 '지성의 환경'이란 개념을 도입해보자. 자연환경이란 자연 속의 동물이 그 안에서 정상적으로 행동할 수 있는 조건이다. 원숭이의 삶을 정확하게 관찰하게 위해서는 실험실이나 동물원의 원숭이를 관찰하는 것이 아니라, 자연환경 속에 있는 원숭이를 관찰해야만 한다. 이처럼 인간의 지성에 대해 정확이 이해하기 위해서는 '지적인 환경' 속에 있는 지성에 대해서 고찰하지 않으면 안 된다. 일반적으로 토미즘에 있어서 지적 환경이란 크게 두 가지로 말할 수 있다. 하나는 수학적 혹은 기하학적 원리이다. 즉 '둘은 하나보다 많다' 혹은 '두 점 사이의 최단 거리는 직선이다'는 등의 원리들을 말한다. 이런 의미에서 일차적으로 지적 환경이란 논리적으로 모순이 없는 원리들을 말한다. 두 번째는 지성과 윤리·도덕적 특성에 관한 원리인데, 이는 지성은 항상 '좋은 것' 혹은 '선한 것'을 지향한다는 것이다.

> 지성에 의해 알려진 선(*bonum*, 혹은 좋은 것)은 의지를 움직이게 한다.
>
> (『신학대전』 1권, 문 82)

지성의 자연적인 경향성이 '좋은 것' 혹은 '선한 것'을 향해 있다는 이러한 지적환경은 비록 경험적인 사실들을 통해서 쉽게 증명할 수 있는 것은 아니겠지만—성악설(性惡說)의 경우 이와 반대되는 진술이 가능하기에—이를 부정하는 정신은 논리적으로 스스로 자신을 파괴하는 삶을 가질 수밖에 없다. 물

론 현대 사회에서는 이러한 '자기-파괴적인 삶'이 일종의 악
마적인 유희를 유발하면서 스스로 만족하는 사람들도 있을
수 있겠으나, 이는 어디까지나 예외적이고 병리학적인 현상이
지 일반적인 현상은 아니다. 자신에게 좋은 것[1]을 추구하는
지성의 경향성은 '좋은 것'이란 차원에서 '바랄만한 것', '어
떤 가치 있는 것'을 지향하는 것이며, 따라서 '선(善)'을 지향
하는 것이다. 만일 이러한 '좋은 것'을 의미하는 '가치'를 부
정하는 정신이 있다면, 그것은 그 자체 모순이 된다. 왜냐하
면 그는 '존재하는 것은 좋은 것'이라는 측면에서 자신이 살
아있다는 것을 통해 여전히 '좋은 것을 추구하고 있다는 사
실'을 승거하고 있기 때문이다. 결국 참된 것과 선한 것은 인
간지성의 지적환경의 두 가지 요소이다. 그런데 절대적 자유
라는 것은 '참된 것'과 '좋은 것'을 추구하도록 되어 있는 지
성이 스스로 자신의 본질을 부정하고 '아무것이나 내가 원하
는 것을 추구하는 것'이라고 말하고 있는 것과 같기 때문이
다. 즉 무조건적인 절대적 자유는 지성을 가진 인간이 스스로
자신의 본질을 부정하는 '불성실한 태도' 즉 지적환경에 위배

---

[1] 물론 우리는 여기서 '자신에게 좋은 것'이 '타인에게는 악한 것'을 가정해 볼 수 있을 것이다.
하지만 이 경우 가급적 '자신에게 좋은 것'과 '타인에게도 좋은 것' 즉 '공동의 선'을 일차적으
로 추구하고, 이 둘이 대립될 경우 전체에게 좋은 것 혹은 인간에게 좋은 것이란 정신적인 선
을 지향할 수밖에 없다. 어느 것이든 인간의 정신은 좋은 것 혹은 선한 것을 추구할 수밖에 없
는 것이 토미즘의 관점이다. '나에게 좋은 것과 무관하게' 타인에게 나쁜 것 혹은 악한 것을 추
구하는 정신 즉 악마적인 정신은 이미 왜곡된 의식 혹은 오류의 의식의 한 형태이다.

되는 태도일 수밖에 없는 것이다.

자유의 의미를 규정함에 있어서 다른 하나의 형이상학적인 차원을 생각해 볼 수 있는데, 그것은 '필연성이 모든 것을 지배하고 있다'고 생각하는 스피노자의 사상에 있어서의 자유 개념이다. 이러한 사상에서는 모든 것이 인과계열에 의해 결정되어 있기 때문에 사실상 엄밀하게 말해서 '자유'의 개념이 끼어들 여지가 없다. 따라서 만일 이러한 사상에서 자유의 개념이 있을 수 있다면 그것은 '본성의 필연성에 따라서만 행위하는 것'이 된다. 이는 다시 말해 우리의 정신이 세계 속에 나타나는 인관의 법칙에 철저하게 적용하며 이를 수용하며 이에 따라서 행위 할 때 자유로운 것이다. 우리는 이를 '필연성의 자유'라고 말할 수 있을 것이다. 이러한 필연성의 자유에 있어서는 선택을 감행하는 '자유의지'는 무의미한 것이 되어 버리며, 가치를 지향하는 지적인 환경이 또한 무의미하게 되어 버린다.

여기서 우리는 토미즘의 정신에 따라서 다음과 같은 질문을 해 볼 수 있다 : 인간의 선한 의지나 보다 나은 것을 추구하는 지성의 경향성이 완전히 사라진 곳에서 여전히 자유가 하나의 의미 혹은 어떤 가치를 지니고 있는 것인가? 아마도 여전히 어떤 의미나 가치를 지니고 있다고 한다면, 그것은 기존의 인간성의 '해체'라는 차원에서만 하나의 의미를 가질 수 있을 뿐이다. 사실 이러한 '해체'의 가치는 포스트모더니즘의

한 유파인 '해체주의'에서 거의 전부인 하나의 가치이다. 기존의 이성위주의 서구사상이 인간성에 대해 잘못 인식하고 있다는 대전제 하에 서양철학사의 모든 개념들을 해체하고 새롭게 정립하고자 하는 이러한 시도는 전통적인 가치를 존중하는 철학자에게 있어서는 '만용'을 넘어 일종의 파괴적이고 악마적인 정신이며, 그러한 차원에서 '절대적 자유'를 선언하고 있는 다른 한 현상이라고 하겠지만, 여전히 인간의 자유를 향한 하나의 몸짓으로 보라볼 수 있을 것이다. 다만 문제는 이러한 종류의 절대적 자유에 대한 추구가 모든 것을 해체하고 난 뒤 무엇으로부터 다시 시작할 것인가에 대한 질문이 여전히 의문점으로 남고 있다는 점이다. 기존의 모든 체계들을 해체하고 무(無)에서 다시 시작하는 하나의 정신은 여전히 '지성적인 빛'이란 중심 축 안에서 재건축을 해야 하지 않을까? 비록 이 해체하고 있는 지성이 기존의 모든 개념들로부터 자유로워 질수 있다고 하더라도, 여전히 이 빛은 그것이 무엇이건 모든 이해들의 원리가 되는 그러한 빛이 아닌가?

____도움글 7 : 해체주의란?

　　기존의 서양철학사의 모든 개념들이 부당하게 이성 중심에 의해 체계화되었다고 보고 있으며, 보다 참되게 세계를 이해하기 위해서는 전통적인 형이상학적 사유

를 철저히 비판해야하고, 모든 것을 상대화(相對化)시킨 후 새롭게 개념들을 규정해 가야한다고 주장하는 사상을 말한다. 포스트모더니즘의 한 계열로서 데리다, 푸코, 들뢰즈 등에 의해 주창되어진 사상으로 '서구사상에 대한 상대화', '통일성과 체계에 대한 비판' 등으로 급진적인 성격을 드러내는 현대사상이다.

이제 토미즘에 있어서 '형이상학적 의미의 자유'에 대해서 숙고해보자. 토미즘에서 자유에 대한 '형이상학적 의미'란 두 가지 차원에서 이해되어 질 수 있다. 그 첫 번째가 인간의 자유(의지)는 자신의 내면과 궁극적인 목적이라는 두 가지 동인(動因)을 가진다는 것이다.

> 의지는 그의 동기와 대상으로서 궁극적인 것을 지니고 있다.
>
> (『신학대전』1~2권, 문 7)

'궁극적인 것'이란 무엇인가? 그것은 다른 말로 '최종적인 것'이다. 아리스토텔레스에 말에 의하면 이는 목적계열에서 최고 마지막에 나오는 목적으로 더 이상 다른 목적을 필요로 하지 않는 그 자체가 목적인 것을 말한다. 물론 그리스도교의 신학자로서 토마스 아퀴나스에게 이러한 최종 목적은 '지복(至

福)’ 즉 ‘천국의 삶’ 혹은 ‘신(神) 자체’이다. 이는 고백록에서 아우구스티누스가 고백하고 있는 관점과도 정확히 일치하고 있다. 이러한 목적론적 사유는 최소한 논리적으로 혹은 경험론적으로 볼 때 충분히 근거 있는 이론이다. 내가 대학을 선택한 것은 좋은 직장을 위한 것이요, 좋은 직장을 선택하는 것은 경제적으로나 사회적으로 보다 나은 삶을 영위하기 위한 것이요, 보다 나은 삶은 그곳에 나의 행복이 있기 때문이다. 이렇게 하나의 목적은 다른 하나의 목적과 연관되어 있으며, 최소한 죽음이 존재의 최종적인 마침이 아니라면 결국 이러한 목적 계열의 마지막에는 가장 행복한 것, 더 이상 더 나은 것을 생각할 수 없는 ‘지복’에 도달할 수밖에 없을 것이다. 즉 인간이 의지를 유발하는 것은 결국 보다 나은 것을 갈망하는 내적인 갈망(내적 동인)과 나의 갈망을 채워줄 외적인 선(외적 동인)이다.

　하지만 어떻게 현실의 작은 선택이 ‘지복’ 때문이라고 말할 수 있을 것인가? 내가 영화를 보러가지 않고, 친구의 병문안을 가기로 의지를 유발한 것, 법학을 선택하지 않고 철학을 선택한 것, 기업체 시험 준비를 한 것이 아니라 대학원에 진학한 것 등 이러한 작은 크고 작은 선택들이 어떻게 ‘궁극적인 목적’ 즉 ‘지복’을 위한 것이라고 말할 수 있는가? 사실 경험적인 것에만 국한해서 보자면 인간의 의지가 ‘지복’을 지향하며 실행된다는 이러한 논의는 ‘넌센스’와도 같다. 하지만 하나의 형이상학적인 시각에서 보자면 사정이 달라진다. 형이 상학이란 여러 가지 의미가 있겠지만 여기서는 전 인생을 하 나로 보거나 혹은 전체적으로 본다는 의미를 가지고 있다. 이 미 말한 바 있지만 토미즘의 사유에는 전 인생을 '하나의 여 행'에 비유한 '여정의 인간관'이 자리 잡고 있다. 프랑스의 한 현대 토미스트인 요셉 라삼은 이를 다음과 같이 말하고 있다.

> 인간의 마지막 목적에 대해서 상대적인 첫 충동적 정 감은, 비록 인간이 이 마지막 목적을 의도적으로 생각하 고 있지 않더라도, 인간의 개개의 개별적인 욕망들 안에 서 끊임없이 (이 마지막 목적을 향해) 존재하고 있다. 도 상 중에 있는 여행자는 그가 내 디디는 매 발자국 마다 여행의 최종 목적지를 생각하지는 않는다.[2]

생각해보자, 한 여행자는 여행의 모든 여정에서 무의식적 으로나마 여행의 목적 혹은 최종 목적지를 위해서 무엇인가 를 하고자 한다. 중도에서 풍경을 감상하건, 어떤 지방의 특 산물을 맛보든 혹은 친구에게 여행에 관한 엽서를 쓰든 모든 것은 결국 좋은 여행이 되기 위해서 노력하는 것이며, 결국 이 모든 노력들은 여행의 최종목적을 위한 것이다. 마찬가지 로 인간의 모든 행위들이 그것이 자유의지에 의한 행위인 한

---

2 Joseph RASSAM, *Thomas d'Aquin*, PUF, 1969, p.115.

-사실 유비적인 의미에서-'궁극적인 목적'을 지향하고 있는 것이다. 이러한 토미즘의 사유는 사실상 종교적인 믿음과 밀접하게 연관되어 있지만, 그러나 인생을 진지하게 합리적으로 바라볼 때에도 충분히 납득이 간다. '궁극적인 목적'을 전혀 고려하지 않거나 혹은 생물학적인 죽음이 존재의 절대적인 마침이라고 생각하는 사람에게 있어서는 왜 인간들이 그토록 힘들게 인생을 보다 잘 살려고 노력하는지, 왜 죽으면 모든 것이 소멸되는데도 가치 있는 것들을 산출하려고 하는지, 심지어 자신의 생명을 던지면서 까지 훌륭하고 바람직한 행위를 하고자 하는지 납득이 가지 않는다. 그토록 애를 써서 쌓아올린 모든 것들이 나의 죽음과 동시에 모든 것이 무의미한 것이 되어 버린다면, 무엇 때문에 그토록 노력을 기울이는 것일까? 이들에게는 인간적인 삶이라는 것 자체가 하나의 부조리처럼 나타나는 것이다. 그러기에 삶을 진지하게 합리적으로 그리고 의미 있는 것으로 고려하고자 하는 사람에게는 오히려 목적론적인 사유가 보다 합리적인 설명이 될 수밖에 없는 것이다. 결국 목적론적인 세계관에서는 '보다 참된 것'과 '보다 나은 것' 혹은 '보다 가치 있는 것'을 갈망하는 인간의 행위는 '궁극적인 목적'에로 보다 가까이 접근하고자 하는 것으로 해명될 수 있으며, 보다 궁극적인 목적에로 더 가까이 나아가는 만큼 '보다 자유로운 행위를 행사 한다는 것' 혹은 '보다 자유롭게 되는 것'을 의미한다.

　　목적에 대한 완전한 앎은 그의 '완전한 의미에서 의지
적인 행위'-즉 완전한 자유의지-를 유발한다. (…중략…)
목적에 대한 불완전한 앎은 불완전한 의지적 행위를 유
발한다. (…중략…) 이처럼 완전한 의미에서 의지적인 행위
는 이성적인 피조물에게만 해당되는 것이다. 그러나 이성
이 없는 동물들에게도 불완전한 의지적인 행위가 있다.

(『신학대전』 1~2권, 문 6)

　　이러한 토미즘의 사유에서는 '보다 완전한 이해'는 '보다
완전한 자유의지'를 가능하게 한다. 왜냐하면 보다 완전한 이
해는 보다 큰 확신으로 보다 큰 나의 내적인 자유를 통해서
행위 되기 때문이다. 따라서 인간의 '앎에 대한 갈망'은 사실
'자유에 대한 갈망'과 환원 가능한 용어이다. 마찬가지로 보
다 가치 있는 것을 추구하는 '도덕적 갈망' 역시도 그 이면에
는 '보다 완전한 자유'에 대한 갈망이 숨겨져 있는 것이다. 이
처럼 인생이란 '완전한 자유'를 향한 여정과도 같은 것이다.

　　토미즘에 있어서 자유에 대한 '형이상학적 의미'의 두 번째
의미는 '자유에 대한 갈망은 곧 자아실현에 대한 갈망'이라는
것이다. 첫 번째 의미의 자유에서 이미 어렴풋하게 드러나고
있지만, 어떻게 자아실현이 '자유의 갈망'과 동일할 수 있는
가를 좀 더 깊이 고찰해보자. 이를 이해하기 위해서 먼저 토
미즘의 도덕에 관한 '에티엔느 질송'의 말을 들어보자.

● 철학자 루이 라벨은 성인(聖人)이란 '자기실존의 가능성을 극단까지 실현한 사람'이라 말하며 『성인들의 세계』에서 그들의 삶을 철학적으로 해명하고 있다. 위 그림들은 이 책에서 선택된 4명의 가톨릭 성인들이다. 좌상부터, '성 프란치스코', '십자가의 성 요한', '아빌라의 성녀 데레사', '성 프랑수와 드 살'이다.

　　토미즘의 도덕은 일종의 '자연주의'이다. 그러나 자연
주의에서 자연이란 마치 하나의 규칙처럼 적용된다. (…중
략…) 너 자신인 그것이 되라, 이것이 제 존재자들의 최상
의 법칙이다 : 인간은 그 자신인 이성적인 존재의 가능성
을 그 마지막 한계까지 현실화시킨다.[3]

　모든 존재들은 '자기 자신인 것을 추구 한다'는 질송의 진
술은 모든 존재들은 자기 자신만의 고유성을 가진 개별자들
이라는 것을 말하며, 또한 각자는 자기 자신을 규정하고 있는
어떤 본질이나 본성을 실현하고자 한다고 말하는 것이다. 따
라서 모든 인간은 자신의 내면(內面)속에 존재하는 '자기만의
그 무엇' 즉 자신의 '개별성'을 실현하고자 하는 경향성을 마
치 자연의 법칙 혹은 본성의 법칙처럼 가지고 있다. 그런데
이성을 가진 인간은 그 이성의 원리ㅡ이상적인 것을 추구하
는 것이 이성의 법칙이다ㅡ에 의해서 이러한 '자기실현'을 극
단에 까지 실현하고자 한다. 이미 앞서 살펴본바 있듯이 이러
한 극단이 실현되었다고 한다면 그것은 곧 '이상적인 자기'가
될 것이다.

　이러한 이상적인 자기를 다른 표현으로 표현하자면ㅡ비록
토미즘의 용어에는 적절하지 않을 수도 있겠지만ㅡ'한 개인
의 이데아'를 실현하는 것이 될 것이다. 이러한 '개인의 이데

―――――――――

3　E. Gilson, *Le Thomisme*, Paris, J. Vrin, 1942, p.384.

아'를 실현하는 것은 상대적인 지상의 삶을 살아가고 있는 사람들에게는 상상이 불가능한 것이겠지만, 논리적으로는 애초에 신의 생각한 한 개인에 대한 관념 즉 신의 지성 속에 있는 한 개인의 이미지 혹은 존재라고 이해될 수 있다. 이를 중세적인 용어로 표현하자면 신의 지성 속에 있는 한 개인의 '창조적인 본질(essentia creationi)'이 될 것이다. 즉 마치 도공의 정신 속에 있는 청자의 이미지처럼 '그것을 통해' 그리고 '그것을 위해' 한 개별자가 창조되는 '원형'이라고 볼 수 있다. 사실 이러한 '개별적인 이데아'를 실현한 사람들을 그리스도교 전통에서는 '성인(聖人)'이라고 칭한다. 그래서 루이라벨도 '성인이란 자기 자신을 극단적으로 실현한 사람'이라고 정의하고 있는 것이다.

> 신의 행위(섭리) 안에서 이루어진 피조물의 유사가 (즉 신의 지성 속이 있는 이데아들이) 곧 성인들의 삶이다.
>
> (『진리론』, 말씀에 관하여, 8장)

토마스 아퀴나스의 위의 진술은 성인이란 이미 자신의 개별적인 이데아를 실현한 사람이라고 말하고 있는 것이다. 물론 아직 지상의 삶을 영위한다는 의미에서는 '이데아의 실현'이라고 볼 수 없겠지만,[4] 성인이라고 말해질 수 있는 사람들

---

[4] 참고로 가톨릭교회는 아직 지상에 살고 있는 사람에게는 결코 '성인(聖人)'이라는 칭호를 부여

은 이미 이러한 '이데아적인 삶'을 살고 있다는 의미인 것이다. 이러한 토미즘의 사유는 '천국으로 향하는 길, 그것은 이미 천국인 것이다'라는 스페인의 한 속담처럼 실재론적인 경향성을 말해주는 것이라 할 것이다.

성인들은 자기 자신을 극단적으로 실현한다는 말은 다음과 같이 재해석될 수 있다. 즉 성인들은 자신 속에 있는 자신의 가능성[5]을 실현하는 것을 생의 궁극적인 목적으로 하는 사람이며, 이 궁극적인 목적을 실현하기를 결코 멈추지 않는 사람이다. 아마도 사람들은 '오직 자기 자신을 실현하고자 하는 삶'이란 극단적인 이기주의적 삶이 아닌가라고 반론을 제기할 수도 있을 것이다. 그리고 이러한 반론에 답을 해줄 수 있는 것이 바로 그리스도교 특유의 '소명의식'이라는 것이다. 비-그리스도인의 눈에는 참으로 놀랍고도 믿을 수 없는 일이지만, 진정한 그리스도교 신앙인에게 있어서는 모든 인간의 탄생, 예외 없이 모든 인간의 탄생은 우연적인 것이 아니다. 인간 개개의 탄생에는 필연적인 이유 즉 신의 특수한 배려나 계획이 있다. 즉 모든 인간의 탄생은 하나의 '불림'인 것이다. 만일 누군가 이러한 사실을 증명하려고 한다면 어떠한 논리

───────────────

하지 않는다. 아마도 그 이유는 지상의 삶이란 항상 변화 가능한 것이며 또한 진보의 가능성을 지니고 있는 삶이며, 완전한 실현 혹은 완성이란 '저편세계'에서만 가능한 것이라고 보는 이상주의적인 사유 때문이 아닌가 생각된다.

[5] 이 '가능성'은 '인간의 가능성'을 포함하는 그러나 인간의 가능성을 넘어서는 가능성이다. 왜냐하면 인간성이 한 개인의 개별성 안에 포함되어 있기 때문이다.

나 어떠한 합리적인 해명도 무용하다는 것을 알게 될 것이며, 오직 한 개인의 생의 체험을 통해서 '고백의 형식' 혹은 '증언의 형식'으로만 말해질 수밖에 없는 것임을 알게 될 것이다. 그만큼 이러한 '신의 섭리'나 '소명의식'에 대한 실재는 신비로운 것이며, 문자 그대로 '형이상학적인' 하나의 실재이기 때문이다. 하지만 우리는 이러한 실재에 접근해가기 위해서 하나의 예를 들 수도 있다. 가령 베토벤의 '운명 교향곡'에는 수많은 음표와 쉼표 수많은 악기들에 대한 정보들이 있다. 수천 개의 작은 음표나 쉼표, 어떤 지시표 등은 모두 베토벤이 오랫동안 고민을 하면서 힘겹게 작곡한 결과들이다. 만일 어떤 연주가가 이중에 하나의 음표나 쉼표를 무시해버리고 연주를 한다면 이 곡은 더 이상 완전한 곡이 아닐 것이다. 즉 말하자면 그 무수한 기호들이 모두 하나의 전체 안에서 어떤 특정한 역할이나 의미를 담고 있는 것이다. 이 기호들 중 우연적인 것이거나, 있어도 그만 없어도 그만인 것은 단 하나도 없다. 이와 유사하게 인류의 역사를 전체적으로 하나의 역사 혹은 하나의 섭리로 볼 때 모든 '탄생'에는 의미가 있으며, 신의 특별한 계획 하에서 이루어지는 것이다. 물론 이러한 비유가 악보보다는 무한히 더 복잡한 인간사를 설명하기에는 결코 적절한 비유는 될 수 없을 것이지만, 그러나 최소한 진정한 기독교적 형이상학자라면 이러한 '신의 섭리'를 인정하지 않고는 올바른 그리스도교적 세계관이 형성될 수 없음을 시인할 수밖에 없을 것이다.

만일 어떤 사람이 자신의 삶을 신의 특별한 섭리에 의한 '불림'이라는 사실을 인정하게 된다면, 이후 그의 삶은 이러한 '불림'에 응답하는 삶의 형식이 될 수밖에 없을 것이다. 즉 자신에게 주어진 어떤 '소명' 혹은 '사명'을 실현하기 위해서 최선을 다해 '자기실현'을 감행할 수밖에 없을 것이다. 자신에게 주어진 자신의 가능성을 최대한 실현하는 것, 이것이 바로 불림에 응답하는 유일한 방법이요, 이것이 곧 성인이 되는 길이다. 그렇다면 이러한 사람들에게 '자유'란 어떤 특별한 의미를 지닌 것인가? 여기서 우리는 토미즘의 '형이상학적 자유'의 정수를 이해할 수 있다. 그것은 자유에 대한 일종의 '유비적인 관점'이요 '신비주의적인 관점'이다.

우선 '유비적'이라는 차원에서 이해해보자. '유비(*analogia*)'란 무엇인가? 하나의 결과가 보다 직접적인 원인과 보다 덜 직접적인 원인(보다 근원적인 원인)이라는 두 가지 원인을 가질 때, 이 두 번째 원인 역시 사태의 '원인'이라고 말할 수 있다. 이때 이를 '유비적인 원인'이라고 한다. 즉 단적으로 원인이라고 말할 수는 없겠지만, 유비적으로 말해 '원인'이라고 할 수 있다는 것이다. 예를 들어 도공이 도자기를 쉽게 만들기 위해서 도자기를 만드는 자동기계를 만들고 이 기계가 이상한 도자기를 생산하였을 때, 이 이상한 도자기를 만든 직접적인 원인은 '자동기계'이겠지만, 이 자동기계를 만든 사람이

토마스 아퀴나스에게 듣는 인간학의 지혜

도공이기 때문에 유비적으로 말해 '이상한 도자기'를 만든 것은 '도공'이라고 할 수 있는 것이다. 이처럼 모든 자연현상은 자연법칙이 그 직접적인 원인이겠지만, 유비적으로 말해 이 자연법칙을 창조한 신이 그 원인이라고 할 수 있는 것이다. 이처럼 올바르게 행사한 인간의 자유의지는 유비적으로 말해 신이 그 원인이라고 할 수 있는 것이다. 토마스의 다음의 두 진술은 '유비적인 진리'를 말해주고 있는 대표적인 진술들이다.

> 피조물들의 완전함(완성)에서 무언가를 제거한다는 것은, 신성한 완전함에서 무언가를 제거하는 것이다.
>
> (『대이교도 대전』 3권, 69장)

> 인간은 자유 의지에 의해서 자신의 행동을 스스로 취한다. 그러나 그가 자유롭다고 해서 그의 (자유로움의) 제일원인이 자신이라는 것은 필연적인 것이 아니다. (…중략…) 신은 각각의 존재 안에서 그들의 고유한 본성에 따라 행위 한다.
>
> (『신학대전』 1권, 문 83)

모든 존재하는 것은 그것이 하나의 존재(실체)로 존재하는 한 완전한 것(소극적 완성)이다. 우생학적으로 아무런 문제가 없이 탄생한 한 애기는 '완전한 애기'이다. 즉 애기로서 부족함이 전혀 없는 애기이다. 하지만 이러한 완전함은 '인간의 완전함(적극적인 완성)'에 비하면 여전히 부족하기 짝이 없는 '완전함'이다. 완전한 인간이란 사실상 상대적인 이 지상의 삶에서는 생각이 불가능하지만 이 인간의 완전함에 가장 근접해 있는 사람들은 우리가 '성인(聖人)'이라고 부르는 사람들일 것이다. 그런데 피조물들의 완전함에서 무언가를 제거하는 것이 왜 신성한 완전함에서 무언가를 제거하는 것이라고 할 수 있는가? 두 가지 의미로 말해 질 수 있을 것이다. 첫 번째 의미는 피조물들의 완점함의 근원이 곧 신이기 때문에 '유비적으로' 그렇게 말해질 수 있는 것이다. 비유를 들자면 누군가 고호의 작품들을 파괴해 버릴 때, 파괴되는 것은 고호의 작품만이 아니라, 고호의 삶 자체 혹은 고호 자신이 파괴되는 것이다.

두 번째는 의미는 피조물들의 완성이 사실상 신(神)의 지성 속에서만 발견될 수 있는 것이기 때문에, 피조물들의 완성에서 무언가 제거하는 것은 신성한 것에 대한 훼손의 의미를 담고 있다. 사실 이러한 사유는 이미 '신비주의적인 관점'이다. 나의 완성된 모습이 신의 지성 속에서 발견된다는 것은 애초에 나의 존재원인과 이유가 되는 '창조적인 본질'이 신(神)의 지성 속에 있다는 것을 말하는 것이다. 그리고 현재 나의 존재에서 발견되는 나의 가능성은 바로 이 창조적 본질과 유사한 것이다. 이러한 유사(similitudo) 즉 비슷함은 단순히 외적인 비슷함이 아니라 '본질(본성)'의 유사함이다. 나아가 현재 내 안에서 발견되는 '본질의 가능성'과 신의 지성 속에 있는 '창조적 본질로서의 나의 완성'은 서로 불가분하게 연관되어 있다는 것이다. 도공의 손에서 만들어지는 도자기는 도공의 정신 속에 있는 도자기의 이미지(이데아)와 어떤 식으로든지 불가분하게 연관되어 있다. 그리고 이 관련성은 사실상 작품이 완성되는 마지막 순간까지 지속된다. 즉 도자기가 실현되는 전 과정에서 도공의 정신과 의지가 개입되고 개개의 도자기의 독특한 특성에 따라 도공은 하나의 유일한 '작품'을 완성시켜 나가는 것이다. 이처럼 일상인들의 시선에 평범하고 단순한 '인간적인 삶'처럼 보이는 개개인의 삶은 기독교적 형이상학자의 시선에는 사실상 그들의 고유한 본성(개별적인 본질)에 따라서 행위 하는 신의 행위가 끊임없이 개입하고 있는 삶 즉 '신성한 삶'으로 보여 지는 것이다. 이러한 신비주의적 관점이 없이는 사실 우리는 인간생명의 절대적인 존엄성을 어디에서도 확보할 수 없을 것이며, 오늘날 '안락사'를 합법화 하고자 하는 사회적인 움직임에 대한 어떠한 합리적인 반대의 근거도 발견할 수 없을 것이다.

그런데 이상의 이해들이 모두 유비적인 관점의 이해라고 한다면, 다른 대부분의 스콜라철학자들과 마찬가지로 토미즘은 이보다 더욱 멀리 나아간다. 그것은 인간의 자유로운 행위는 사실상 실제로 '신의 도움'을 통해서 이루어지고 있다는 실재론적인 관점이다. 그런데 자유가 본질적으로 '스스로 행위의 주인이 되는'이라는 의미를 지니고 있다면, '신의 도움'

이라는 '외부의 힘'을 가정한다는 것은 오히려 '자유'의 의미를 제한하는 것 혹은 제거하는 것이 아닌가라고 반문할 수 있다. 여기서 우리는 인간적인 삶이란 불완전한 자유에서 완전한 자유에로의 이행이라는 종교적 의미의 자유개념을 이해할 수 있다. 과거의 신비주의에서는 이러한 인간의 삶을 마치 '사냥꾼의 올무에 걸린 새'에 비유하였다. 그물에 걸린 새는 자유롭기 위해서 그물을 벗어나야만 할 것인데, 사실상 새 혼자만의 힘으로는 자유로울 수 없다. 이처럼 현실의 인간적 삶이란 마치 그물에 걸린 삶 혹은 병에 걸린 삶처럼 이해하며 모든 인간에게 공통되는 유일한 하나의 목적은 바로 '자유로운 삶'을 쟁취하는 것이다. 물론 여기서 감옥의 의미는 온갖 인간적 삶의 비참함, 일찍이 부처로 하여금 수행의 길로 나아가도록 한 온갖 인간사의 비극들과 다르지 않다. 이러한 사유의 도식은 사실 플라톤의 이데아론의 도식과도 다르지 않다. 이데아론에서 이 지상의 삶이란 참되고 영원한 이데아의 세계를 모방한 '그림자'에 불과하기 때문이다.

그렇다면 토마스 아퀴나스가 말하는 '신의 도움'이란 구체적으로 무엇을 말하는 것인가? 그리고 이러한 '신의 도움'이 어떻게 인간의 자유의지를 완성하는 것인가? 우선 이러한 신의 도움이 무엇을 의미하는 것인지 생각해보자. 이러한 '외부적 도움'은 '기독교적 교의'에서 사용하는 용어로는 '신학적 덕'이라고 한다.

신은 인간에게 신성한 도움을 배제하지 않는 본성적인 원리들을 통해서 그의 마지막 목적(지복)에 도달할 수 있는 원리들을 부여하지 않는가! 이 원리들은 '신학적 덕들'이라고 불린다.

(『신학대전』 1~2권, 문 62)

이 신학적 덕이란 사실상 성경에서 말하는 '믿음·소망·사랑'을 말한다. 즉 세계를 창조한 신이 자신이 창조한 인간의 영혼을 '지복'에로 인도하기 위해서 마치 감옥에 갇힌 새와도 같이 이 현세의 삶의 조건에 묶여있는 각각의 영혼을 이 감옥에서 벗어날 수 있도록 '믿음'과 '소망'과 '사랑'의 능력을 직접 부여해 주고 있다는 것이다. 물론 여기서 이러한 교의적 도식은 철학적 차원에서 보자면 '인간의 언어로 표현할 수 없는 초월성'에 대한 언어적 표현이라고 볼 수 있다. 중요한 것은 이러한 '진정한 초월성'이 어떤 도식과 용어들로서 표현되고 있는가 하는 것이 아니라, 이러한 진정한 초월성을 어떻게 확신할 수 있는가 하는 것과 이러한 초월적인 개입이 왜 인간의 자유를 완성하는가 하는 것을 이해하는 것이다.

이러한 초월성에 대한 확신은 사실상 토마스 아퀴나스에게 있어서 '확신'의 문제이기 이전에 '믿음'의 문제이다. "불합리하기 때문에, 나는 믿는다"라고 테아테아툴리아누스가 말하듯이 토마스 아퀴나스 역시 우리가 모든 것을 알 수 있다면, '믿음'은 자기 역할을 상실해 버릴 것이라고 말하고 있다. 하지만 토미즘에서 이러한 초월성에 대한 이해가 배재되어 있는 것은 아니다. 불멸을 추구하는 지성의 갈망이 지성에 자연스러운 것이라는 차원에서 이를 이해할 수 있으며, 또한 영성적 갈망을 자연적으로 지니고 있는 인간영혼의 현상들을 보면서 이를 이해할 수 있다. 하지만 하나의 철학적 지평에 있어서 이러한 '초월성'은 다만 인간의 지성을 넘어서는 하나의 빛에 대한 인간지성의 '교감'정도로 해두는 것이 좋을 듯하다.

> ✏____도움글 8 : 초월성이란 무엇인가?
>
> '초월성'에 관한 철학적 논의에서 '유신론적 실존주의'의 견해는 보편성의 차원에서 퍽 유용하다. 가브리엘 마르셀은 이러한 초월성은 모든 종교가 그 실재론적 근거를 확보하기 위해서 반드시 가져야할 것이라고 고려하고 있다. '초월성'은 인간실존이 삶에 있어서 진정한 의미를 가지기 위해서 필요한 것인데, 이는 가령 한계상황에 처한 인간이 현실적인 모든 가치들을 상실하였을 때조차도 의미 있는 삶을 가질 수 있도록 하는 것이다. 이러한 초월성은 인간이 단순한 생명체가 아니라 정신을 가진 사유하는 존재로부터 가지게 되는 것인데, 그 이유는 정신은 결코 '어떠한 것' 즉 물질적인 것이나 객관적인 것으로 환원될 수 없는 그 무엇이기 때문이다. 한 개인에 대해서 그 어떤 언어로 어떠한 방식으로 표현하고 묘사하든지, 객관화된 설명을 넘어선

다는 것은 그가 스스로 창조하는 정신적 주체이기 때
문이며, 이는 결국 정신이란 일종의 '절대적인 것'의
지평과 교감하는 것이기 때문이다. 이처럼 본질적으로
'초월적인 지평'과에 관계하는 인간의 정신은 그러기에
삶을 '신비' 혹은 '초월성'으로서 고려하고 있으며, 정
신의 궁극적인 의미는 이 초월성에서 발견되는 것이다.
이러한 초월성에 대한 갈망과 초월성의 실현이야 말로
문학적 의미에서 세속적인 모든 가치를 상실하는 죽음
의 순간조차 넘어서는 '불멸'을 보장하는 것이다. 사실
'저편세계', '천국', '신성', '일자', '니르바나', '세계영
혼', '절대정신' 등의 용어는 이러한 초월성이 하나의
언어적 옷을 입은 것이라고 볼 수 있다. 그것이 어떠한
용어를 통해 표현되든, 정신을 가진 모든 인간은 이러
한 초월성과의 관계 속에 있으며, 그러기에 인간은 본
질적으로 '상호-주관적인' 존재인 것이다.

이제 이러한 초월성에로의 진입이 어떻게 인간의 자유를
완성하는 것인지 고찰해보자. 우선 가장먼저 토마스는 우리로
하여금 초월성에로의 진입을 야기하는 신학적인 덕의 분유는
(즉 신의 은총은) 결코 인간의 자유의지를 무시하지 않는다고
고려한다. 그리고 인간이 자유의지를 행사할 때 여기엔 항상
초월자의 개입(도움)이 존재할 가능성이 전제되어 있다고 고려
하고 있다.

　　수용된 덕은 우리들의 행위 없이 신에 의해서 우리에
게 야기된 것이지만, 우리들의 동의를 배재하지는 않는다.

(『신학대전』 1~2권, 문 55)

　　우리들의 선택은 항상 우리들 자신에게 속하지만, 그
러나 여기에는 항상 신의 도움이 있음을 가정할 수 있는
것이다.

(『신학대전』 1권, 문 83)

　　신의 은총이 인간의 자유의지를 전제한다는 것은 인간이
본질적으로 '자유로운 존재'라는 것이며, 그러기에 가장 인간
이 인간다울 때가 '자유로울 때'이다. "인간의 자유 앞에서는
신(神)도 멈추어 선다. 그 만큼 인간의 자유란 신비이다"라고
성녀 마가레트가 말하듯이 '자유'는 인간 존엄성의 최고 척도
이다. 한 개인의 자유를 존중한다는 것, 이것이야말로 '인간존
중'의 가장 기본적이고 가장 중요한 점이다. 이러한 점에서
기독교의 신을 마치 '전제군주'처럼 표현하는 것보다 더 부적
합한 표현을 없을 것이다.

　　욕구나 갈망에 있어서 끝이 없지만, 그러나 그 능력이나 본
성에 있어서 한계를 가진 인간은 본질적으로 '자기모순'적인
존재이다. 평범하지만 위대한 것을 꿈꾸고, 이상적인 것을 추
구하고 있지만 현실적이 될 수밖에 없으며, 유한하면서 무한
한 것을 꿈꾸지 않을 수 없는 존재가 인간인 것이다. 무한과

유한 사이에서 메울 수 없는 간격 속에서 끊임없이 갈등할 수밖에 없는 인간은 그럼에도 불구하고 자유의지라는 신비한 능력을 통해서 이 간격을 메워갈 수 있다. 이 간격을 메울 수 있는 것은 오직 자유의지이다. 이 자유의지의 행위에는 어떠한 합리적인 예측이 불가능하다. 악인도 자유의지를 통해서 선인이 될 수 있으며, 어리석은 자도 자유의지에 의해 현자가 될 수 있고, 노예도 자유의지를 통해서 자유인이 될 수 있다. 그러기에 최소한 자유의지의 능력을 상실하지 않는 한, 인간은 결코 판단되어 질 수 없는 존재인 것이다.

그런데 이상적인 것에 대한 추구를 결코 포기할 수 없는 인간이지만, 그럼에도 한계를 가진 존재라는 이 사실로부터 인간은 자신 이상의 그 무엇에 도움을 청할 수밖에 없는 존재이다. 만일 이러한 도움이 배재되어 있다면 결국 '인생이란 부조리한 것'이 되고 말 것이다. 결국 토미즘에 있어서 이상적인 것, 초월적인 것을 추구하는 인간의 지성은 선택의 문제가 아니라, 피할 수없는 운명인 것이다. 바로 이러한 인간의 운명이 초월성의 개입 즉 신의 중재를 의미하는 '은총'을 요청하지 않을 수 없는 것이다. 사실상 기독교적인 의미의 계시란 이러한 '인간의 부조리함'과 이 부조리를 해결하고자 하는 '신의 자비'를 드러내는 것으로 요약될 수 있다. 자유롭다는 것은 무엇인가? 그것은 행위 함에 있어서 아무런 제약도 없다는 것을 의미한다. 다른 말로 표현하자면 갈망과 한계 사이의 간격이 없다는 것을 뜻한다. 그러기에 최소한 논리적으로 신(神)은 최상으로 자유로운 자이며 '자유 그 자체'인 존재이다. 왜냐하면 신에겐 이상적인 것이 곧 현실이기 때문이다. 이상과 현실의 일치 이것은 형이상학적 자유에 대한 토미즘의 다른 한 표현인 것이다. '가장 이상적인 나'가 되어질 때, 나는 가장 자유로운 것이다. 왜냐하면 "나의 고유한 행위 안에서 나의 의지는 그 어떤 육체적, 정신적 폭력에 의해서도 실행될 수가 없기 때문"(『신학대전』 1~2권, 문 6)이다. 신의 은총은 인간으로 하여금 이상과 현실 사이의 간격을 메우게 함으로 자신과 유사하게 '되어지도록' 인도한다. 즉 은총은 인간의 자유를 억제하는 것이 아니라, 보다 완전하게 하는 것이다.

●도표 3 : 자유에 대한 몇 가지 정의들의 도표적 이해

종류	정의	대표사상
무관심의 자유	행위에 있어서 행위의 척도를 오직 '자신이 원하는 것'만을 추구하는 자유. 윤리 도덕적 가치기준을 전혀 문제 삼지 않는다는 측면에서 '무관심의 자유'라고 할 수 있다.	철학적 사상으로 인정할 수 없음
선택의 자유	행위에 있어서 양자 중 자신의 원하는 것을 선택할 수 있는 능력으로서의 자유로 '의지의 자유'라고도 할 수 있다. 의지는 항상 목적으로서 '선한 것', '가치 있는 것'을 지향하기에 '윤리·도덕적 자유'라고도 할 수 있다.	토마스 아퀴나스
절대적 자유	인간스스로가 인간의 본질 및 운명에 대해서 규정하고, 주어진 외적인 규범을 초월하는 자유. 인간의 본질 그 자체를 '자유'로 규정하는 것으로 형이상학적 차원의 자유이다.	사르트르

종류	정의	대표사상
필연성의 자유	세계 모든 현상이 정묘한 인과의 법칙에 의해 이루어지고 있다고 보며, 자유란 무엇이건 본성의 법칙에 따른 행위 즉 정묘한 인과의 법칙을 파악하고 이를 수용하고 일치하는 행위양식이 곧 자유로운 행위로 간주한다.	스피노자
초월성의 자유	종교적 혹은 신비주의적 관점의 자유로서 인간세상의 모습 그 자체를 일종의 감옥 혹은 구속으로 보고 이러한 세속적인 삶으로부터 정신적으로 혹은 영적으로 자유롭게 되고자 하는 것 혹은 '한계를 가진 자아'에서 '이상적인 자아를 향한 도약'을 의미하는 자유를 말한다. 전자를 '신비주의적 자유' 후자를 '형이상학적 자유'라고 할 수 있다.	전통적인 신비주의 아우구스티누스 토마스 아퀴나스

갈등하는 인간, 구원을 갈망하는 인간

1. 매 순간 선택을 강요받는 고단한 인생

고민하지 않고 마음 편히 살 수 있는 방법을 묻는 사람에게 "바보는 고민하지 않는다"라고 어느 시인이 말하였다고 한다. 이는 인간이란 고민하고 고뇌할 수밖에 없으며, 그런 한에서 인간적인 삶을 영위한다는 것이다. 물론 사람들 중에는 전혀 고민하지 않고 선택의 강요에 의해 괴로워하지 않고 사는 사람들도 있을 것이다. 이러한 사람을 우리는 '도사(道士)' 혹은 '성인(聖人)'이라고 한다. 마찬가지로 그것이 어떤 종류의 자유든 완전한 자유를 획득한 사람들도 갈등하거나 망설이지는 않을 것이다. 하지만 대부분의 범인들 특히나 복잡한 현대

사회를 살아가는 사람들은 매일 '선택의 요구'에 대해 고민하고 갈등하면서 살아갈 수밖에 없다. 그런데 왜 인간은 선택이라는 것을 해야만 하는 것일까? 그 이유는 다양하게 생각해 볼 수 있다. 우선 인간은 정신적인 존재이며 도덕적인 존재이다. 정신은 사유하는 능력이며, 도덕적이라는 것은 '선한 것과 악한 것', '올바른 것과 정당한 것' 등과 관련되어 있다. 사유하는 정신은 정신 그 자체의 원리에 의해 어떤 것을 '지향'한다. 그 지향점은 일차적으로 이러한 도덕적인 것들이다.

일차적으로 토미즘에서 모든 인간의 행위는 양심의 명령을 벗어날 수 없다. 양심은 '악'을 피하고 '선'을 행하라고 명령한다. 하지만 복잡한 사회적 삶 안에서는 '선'과 '악'의 구분이 그렇게 분명하지 않다. 두 번째는 가치의 문제이다. 인간 지성은 본질적으로 '보다 나은 것', '더 가치 있는 것'을 추구한다. 하지만 인간적 삶에서의 가치란 항상 상대적 차원에서 주어지는 것으로 어느 것이 더 가치 있는 것인지 구분하기란 쉽지 않다. 세 번째는 '정당성' 혹은 '권리'의 문제이다. 권리는 자격 혹은 자기 동일성으로부터 주어지는 것이다. 하지만 본질적으로 인간의 자기 동일성은 복수적인 것이다. '한국인으로서의 자기 동일성'은 '종교인으로서의 자기 동일성'과 대립을 이룰 수 있으며, '공무원으로서의 자기 동일성'과 '한 가정의 가장으로서의 자기 동일성'은 서로 대립을 이룰 수 있다. 이 경우 상충되는 두 권리는 행위의 정당성에 대해 갈등하게 한다. 즉 행위의 정당성에 대한 모호함이 우리를 갈등하게 한다. 그 외 단순히 나의 기호가 모호하기에 갈등하기도 한다. 즉 산으로 갈 것인가, 바다로 갈 것인가? 영화를 볼 것인가, 음악회를 갈 것인가? 등.

바로 이러한 이유로 나의 지성이 무엇에로 향하는 지향성을 가진 것은 분명하나 그 지향점이 구체적으로 무엇인가는 분명하지 않다. 결국 모호함과 무지가 갈등의 첫 원인이 된다. 우리는 무의식중에 올바른 것과 정의로운 것을 지향하고 있지만, 올바른 것과 정의로운 것이 항상 분명하지는 않으며, 양심은 선한 것을 행하라고 부추기지만 이성은 무엇이 진정 선한 것인지를 의심하게 된다. 여기서 우리는 쉽게 우리를 갈등하게 하는 것은 '무지(無知)'라는 것을 알 수 있다. 어떤 것에 대해서 알 수 없거나 알지만 분명하지 않을 때 사람들은 갈등을 한다. 가령 결혼을 앞둔 한 여성이 두 남성 중 한명을 선택해야만 한다고 가정해 보자. 이 두 사람들에 대해서 잘 알지 못하거나, 희미하게만 알고 있다면 쉽게 선택을 할 수가 없을 것이며, 따라서 갈등하지 않을 수 없을 것이다. 하지만 인간사에 있어서 분명한 것이 어디 있는가? 내가 하루 동안 살아가면서 분명하게 확신을 하고 행위 하는 것이 과연 몇이나 되는가? 데카르트는 충분히 심사숙고해서 자신의 사고에 명석 판명한 것만을 진리로 받아들일 것을 스스로 맹세하면서 철학을 시작하였다. 그리고 그는 가장 먼저 사유하는 자신이 존재한다는 것을 최고의 확실성으로 발견하였다. 하지만 인간사에 있어서 분명한 것만을 취하고 그렇지 않는 것은 모두 제외시킨다면 과연 우리가 취할 수 있는 것이 몇 가지나 남아 있을까? 아마도 의심하고 갈등하고 있는 나 자신만을 제외하고는 남아 있는 것이 하나도 없을지 모를 일이다. 그러기에 인간적인 삶이란 갈등을 하고 고민을 하면서 살아갈 수밖에 없는 것이다.

하지만 조금만 더 깊이 생각해보면 우리가 선택의 갈등에 휩싸이는 경우는 '알 수 없기 때문'만이 아님을 알 수 있다. 오히려 내가 선택하고자 하는 것을 너무 잘 알기 때문에 고민할 수도 있나. 이 경우는 '결과에 대한 책임' 때문이다. 그것이 무엇이든 자유의지에 의해 선택된 것에는 '책임성'이 따른다. 보다 중요한 일일수록 그 책임성이 보다 크다는 것은 누구나 알고 있다. 마치 보다 높이 오를수록 중력의 당기는 힘이 세어지듯, 보다 큰 중대한 일일수록 보다 큰 책임성에 대한 중압감이 우리를 짓누르게 된다. 사형선고를 받은 '성(聖) 토마스 모어'에게 "왜 아버지만이 특별해야하고, 죽음으로서 불의와 맞서야만 하는가, 그냥 평범한 착한 사람으로 살수는 없는가?"라고 하소연 하는 딸에게 그가 한 다음의 대답은 이러한 인생의 법칙을 잘 요약해 주고 있다.

만일 우리가 낙원과 같은 사회에 산다면 평범하게 살

아도 모두 성인 성녀가 될 것이지만, 우리가 불의한 세상에 살고 있기 때문에 지극히 정상적이고 평범한 그리스도인으로 살고자 하여도, 순교자가 되지 않을 수 없구나!

토마스 모어는 사형을 피할 수 있었다. 그는 "왕의 결정이 옳은 것이다"라고 한 마디만 하면 '대법관'이라는 부와 권세를 그대로 유지할 수 있었다. 하지만 그는 그것이 옳지 않다는 것을 알았다. 아마도 그가 올바른 것을 선택하기 위해서 수많은 갈등을 하였을 것이다. 그가 사형을 감수해야만 하는 필연적인 이유는 어디에도 없었다. 그는 그의 자유의지의 선택 앞에 몇날 며칠을 고민하였을 것이다. 가족들의 눈물과 주변의 정적들의 조롱은 가장 그를 괴롭히고 그의 자유의지를 방해하였을 것이다. 이럴 수도 저럴 수도 있는 그의 이 자유의지가 오히려 그에겐 가장 큰 시련이었을 것이다. 그의 선택이 가져올 그 결과에 대해서 너무나 잘 알고 있었기 때문에 그는 보다 더 크게 망설였을 것이다.

여기서 우리는 다음과 같이 결론을 내릴 수 있다. 즉 지향점이 분명하다고 하더라도 행위의 결과에 대한 책임성은 선택을 주저하게 한다. 도덕적으로 타락한 사회에서는 보다 큰 선일수록, 보다 분명한 정의일수록 망설임은 클 수밖에 없을 것이다. 마찬가지로 동일한 선 동일한 정의라 할지라도 보다 타락한 사회에서는 보다 망설임이 큰 것이다. 하물며 무지한

● 토머스 모어(Thomas More, 1478~1535) 잉글랜드 왕국 시기의 법률가, 저술가, 사상가, 정치가였다. 대법관의 직위에 있을 때, 헨리 8세가 당시 왕비와 이혼을 하고 후궁과 정식결혼을 할 수 있도록 로마 교황청의 허락을 요청하였으나 거절을 당하자, 자신이 잉글랜드 교회의 수장임을 선포하고 이를 대법원이 승인할 것을 요청하였다. 하지만 당시 대법관이었던 토마스 모어는 이러한 '수장령'을 거부하였다. 이에 그는 '반역죄'의 죄명으로 사형을 선고받았다. 당시 감옥에 있던 토마스 모어를 여러 차례 설득하고자 하였지만 그는 끝내 자신의 신념을 지키기 위해 '순교'하였다. 거의 사후 400년이 지나서야 교황 비오 11세는 그를 성인으로 시성하였고, 교황 요한 바오로 2세는 그를 '모든 공직자들의 수호성인'으로 선포하였다. 토마스 모어는 '유토피아(Utopia)'라는 정치적인 체제를 상상하였고 이를 저술한 책이 같은 이름으로 출판되었다. 그가 철학자로 인정받는 것은 바로 이 저술 때문이다.

사람들이 타락한 사회 속에서 살아가고 있다면 매순간 이러한 선택의 망설임은 클 것이다. 이제 우리는 토미즘의 의미심장한 형이상학적인 명제를 보다 잘 이해 할 수 있을 것이다.

개별적인 존재들만이 행위들을 산출할 수가 있다.[1]

개별적인 존재란 무엇을 말하는가? 그리고 왜 개별적인 존재만이 행위를 산출할 수가 있다는 것인가? 인간은 누구나가

---

[1] *"actiones autem in singularibus sunt."* S. T., I, q. 29, a. 1.

개별자이다. 토마스는 애초에 탄생과 더불어 인간의 영혼은 개별적인 영혼이라고 하지 않는가! 그리고 왜 개별적인 존재만이 행위를 산출할 수 있다는 것인가? 여기서 개별자란 '도덕적인 의미의 개별자'이다. 스스로 판단하고 결정하며 스스로 책임 있는 행위를 감행하는 자를 말하는 것이다. '행위(actus)'란 무엇인가? 행위는 행동(actio)과 다르다. 행동이란 어떤 활동적인 움직임을 말한다면 특히 무엇인가 일을 위해서 물리적인 행위를 감행하는 것을 말한다. 반면 행위란 정신적이고 의미 있는 그리고 성찰을 통한 자유의지의 선택에 의해서 실행되는 물리적 정신적 행위를 말하는 것이다. 그것이 악한 행위든 선한 행위이든 반성되지 않는 행위는 행위가 아니다. 그렇기 때문에 행위 없는 행동이 있을 수 있으며, 행동 없는 행위가 있을 수 있다. 자신의 행위에 대한 성찰이 전혀 없이 오직 명령에 따라 움직이는 소위 '행동대원들'의 행동은 행위는 없는 행동이다. 반면 정의를 위해 '행동'하기를 포기한 사람의 '무—행동'은 가장 큰 행위일 수 있다. 따라서 그것이 어떠한 것이든 '행위'라고 할 때는 일종의 '도덕적인 의미'를 내포하고 있다. 모든 행위가 도덕적이지는 않겠지만 도덕적인 것과 무관한 혹은 도덕적으로 중립인 그러한 행위는 있을 수 없다는 것이다. 단적으로 말해 '행위'란 항상 어느 정도 도덕적이거나 비—도덕적이거나 할 수밖에 없는 것이다. 그 이유는 토미즘에 있어서 인간의 행위란 항상 의식적인 행위이며, 그것이 무엇이든 의식적인 행위는 양심을 동반하는 행위이기 때문이다. 옳고 그름에 대한 판단, 행위의 의미에 대한 성찰, 결과에 대한 책임성 등에 대해서 사유된 행위만이 진정으로 행위일 수 있다. 그러기에 진정한 행위를 하는 자는 이미 자신의 가치관 인생관 혹은 세계관의 정립이─비록 불완전하게나마─이루어진 자인 것이다.

따라서 여기서의 개별자는 '자아가 정립된 자'를 의미한다. 인생을 살아가는 의미와 목적에 대해서 그리고 나의 개별적인 삶 안에서 행동의 원칙, 가치관에 대한 나름의 준칙들 이웃과 사회에 대한 나의 자세나 태도 등에 대해서 나름의 통일된 의식을 지니고 있으며, 나의 행위가 이러한 나의 자아로부터 산출되고 스스로 책임 있는 행동을 할 수 있는 그러한 주체적인 자를 말한다. 이러한 주체적인 자의 행위는 자신의 행위에 대한 이유가 오직 자기 자신에게서 발견되는 자립적인 행위이다. '개별자'라는 것은 곧 자립하는 자인 것이다. 이러한 개별적인 존재만이 엄밀히 말해 도덕적인 행위를 할 수가 있는 것이다.

도덕적 행위의 주체는 (이 행위를 야기하는) 동인일 수 없으며, 한 개인이다.[2]

---

[2] *S. T.*, III, q. 20, a. 1, ad 2.

　그것이 선한 것이든 악한 것이든 이기적인 것이든 박애적인 것이든 윤리·도덕적인 것과 연관된 행위에 있어서 그 행위의 주체가 개인이라는 사실은 너무나 당연한 것처럼 들린다. 하지만 이 진술을 거꾸로 뒤집어 보면 한 개인이 주체가 되지 않는 행위는 '도덕적이지 않은' 행위라는 뜻이 된다. 사람들은 자신의 행위는 항상 자신이 주인 것처럼 생각하고 있지만 사실상 우리들의 수많은 행위에서 진정 우리자신이 주인인 그러한 행위는 그다지 많지 않다. 왜냐하면 많은 경우 행위를 유발하고 있는 동인(動因)이 우리를 대신해서 행위의 주인노릇을 하고 있기 때문이다. 이러한 예 중 가장 흔한 예가, '죽지 못해 산다'는 푸념이다. 이 말은 '나는 삶에 대한 집착이 없지만 나를 둘러싼 여러 요인들이 나로 하여금 계속하여 살도록 하기에 어쩔 수 없이 살고 있다'는 것이다. 이 경우 나의 생존의 주인은 내가 아니다. 나를 둘러싼 삶의 '동인'들이다. 이와 유사하게 범죄자들이 범죄의 이유를 댈 때 하는 말들 '먹고살기 위해서', '자식들 때문에', '노후를 대비하기 위해서', '사업자금이 필요해서' … 등은 모두 자신의 범죄 행위의 주체가 자신이 아니라 행위의 동인들에 있다고 항변하는 것이다. 사실 이러한 항변은 꼭 범죄와 같은 나쁜 행위에 있어서만 주어지는 것이 아니다. 자기희생과 같은 선한 행위에 있어서도 마찬가지다. 흔히 겸손이라는 이름으로 주어지는 선행에 대한 핑계들 '돌아가신 노모의 유언 때문에…', '불교

신도로서 …', '마치 집에 있는 내 자식들 같아서…', '나도 어린 시절에 어렵게 보냈기 때문에…' 등 항상 행위의 동인을 행위의 주체로서 고려하고자 한다. 왜 그런가? 그것은—어쩌면 무의식중에—개별자가 된다는 것에 대한 부담을 회피하고자 하는 것 때문일 것이다. 선한 것이든 악한 것이든 행위 이후의 책임성에 대한 중압감으로부터 벗어나고자 하는 의도가 스스로 행위의 주인이기를 거부하는 것일 것이다. 결국 우리가 매순간 선택의 기로에서 망설이고, 갈등을 체험하는 것은 '개별적인 존재' 혹은 '자립적인 존재'가 된다는 것이 참으로 어렵다는 것을 말하는 것이며, 나아가 이러한 '개별자'가 되는 것에 대한 두려움 때문이라는 심리학적인 이유가 도사리고 있다고 할 수 있을 것이다.

이제 좀 더 논의를 심화시켜보자. 인간에게 있어서 개별자 즉 진정한 개인이 된다는 것은 무엇을 의미하는 것일까? 토마스 아퀴나스는 다음과 같이 말하고 있다.

> 인간은 그 자신 안에 인간성이 지니고 있지 않은 것을 가지고 있다.[3]

물론 인간에게 있는 '인간성 이상의 것'이란 '개별성'을 의

---

[3] "Unde id quod est homo, habet in se quod non habet humanitas." S. T., I, q. 3, a. 3.

미한다. 내 안에 '인간성'이 있지, 인간성 안에 내가 있지는 않기 때문이다. 이 분명한 진술 안에는 그럼에도 무언가 심오한 것이 내포되어 있다. 우리가 사회적 삶을 살아가다 보면 수많은 과제와 의무를 이행해야 한다. 마치 한 평생이 눈에 보이거나 보이지 않는 의무들의 연속 속에서 살아가는 듯하다. 학생으로서의 의무, 자녀로서의 의무, 부모로서의 의무, 교사로서의 의무, 신자로서의 의무, 납세자로서의 의무, 국민으로서의 의무, 그리고 심지어 남자로서의 혹은 여자로서의 의무 … 등 마치 의무들의 파도 속에서 자유는 보이지도 않는 강바닥에 가라앉은 조약돌처럼 희미하기만 하다. 오죽하면 과거의 신비가들은 인생을 마치 '그물에 걸린 새'에 비유하였을까! 그런데 인간이면 누구나 회피할 수 없는 이러한 의무들은 모두 무엇으로부터 발생한 의무들일까? 그것은 곧 '인간이라는 이유' 때문에 발생한 의무들이다. 싫든 좋든 인간으로 살아가는 한, 이러한 사회적인 규범을 벗어날 수는 없다. 물론 예외적인 경우도 없지는 않다. 무정부주의자나 자유주의자 혹은 수도자들은 최소한 이러한 의무들 중 많은 의무들에서는 해방된 자들이다. 그러나 이러한 예외적인 사람들도 이 지상의 삶, 인간조건을 지니고 살아가는 한 의무들의 파도를 피해갈 수는 없다.

그런데 이러한 의무들은 내가 의무를 성실히 수행하고 있다는 한에서 나는 자유로울 수 있다. 의무와 자유는 동전의

앞면과 뒷면과 같아서 의무를 수행한 만큼 나는 그 만큼 자유
로운 것이다. 왜냐하면 의무에서 해방되는 것! 이것이 곧 자
유를 의미하기 때문이다. 어떻게 보면 내가 의무를 수행할 수
있다는 이 가능성이 곧 나에게 부여된 나의 자유일 수 있다.
의무를 수행하는 것이 힘겹다는 것, 나의 능력을 넘어선다는
것, 이것이 곧 나의 자유를 제한하는 것이요, 구속인 것이다.
따라서 인간성으로부터 주어지는 이러한 의무들은 가치 상대
적인 것들이다. 이러한 의무들을 잘 수행할 수 있도록 하는
사회적 여건을 갖춘 사회나 개인들에게 있어서는 이러한 의
무들은 오히려 나의 자유를 보장해주는 것이겠지만 그렇지
못한 사회나 사람들에게 있어서는 이러한 의무는 '십자가'요
'멍에'일 수밖에 없다. 어쩌면 기존의 '인간성'에 대한 규정을
새롭게 해야만 한다고 주장하는 '해체주의'의 정신의 이면에
는 이러한 인간성으로부터 주어지는 현대사회의 의무들이 더
이상 자유를 보장해주는 것이 아닌, '굴레'요 '무거운 짐'으로
변해버린 암울한 상황에 대한 각성이 동인으로 작용하고 있
는지도 모른다. 어쨌든 인간성으로부터 주어지는 이러한 의무
들은 이러한 의무들이 너무나 분명하게 주어져 있다는 측면
에서 그리고 우리가 이 의무를 잘 수행한다는 전제하에 자유
를 보장하는 것이어서 심각하게 우리의 갈등을 야기하지는
않는다. 인간성으로부터 주어진 이러한 '굴레'나 '멍에'는 선
택의 갈등을 야기하기 보다는 차라리 종교적 구원에 관련된

형이상학적이고 근원적인 인간조건에 대한 자각을 유발하는 계기라고 해야 할 것이다.

그런데 인간에게는 인간성 이상이 있다. 이 인간성 이상의 것은 무엇인가? 단순히 개별성이라고 하지 않고 구체적으로 기술하자면 무엇이 될 것인가? 눈에 보이는 것, 감각할 수 있고, 느낄 수 있는 것들의 차원에서 이는 한 개인이 지닌 자신만의 '외모', '기질', '성격' 등 나로 하여금 타인과 구별하게 해주는 모든 '차이' 혹은 '다름'이라고 할 수 있을 것이다. 하지만 이러한 차이로서의 개별성은 본질적인 것은 아니다. 피부색이 다르거나 목소리가 다른 것은 나의 생의 의무와는 무관한 개별성이다. 그렇다면 본질적인 것, 나의 삶에 있어서 중요한 의미를 부여하면서 동시에 중대한 의무를 부여하는 그것은 무엇인가? 그것은 아직 아무것도 정해진 것이 없는 순수한 가능성으로서의 개별성이다. 토마스 아퀴나스는 애초에 탄생 시의 인간의 영혼이란 '아무것도 쓰여 있지 않는 백지'와 같다고 한다. 이 백지와 같은 곳에 무엇인가 내용을 채워 넣는 것은 오직 나 자신이 해야만 한다. 이것은 철학적으로 말하자면 '자아'이다. 인간은 누구나가 '자아의 가능성'을 가지고 태어난다. 이 백지와도 같은 나의 영혼(지성)에 온갖 삶의 여정을 거치면서 '나의 내적인 동일성'이라고 할 수 있는 나만의 '개별성'을 형성하는 것이다. 그러기에 아리스토텔레스도 인간의 영혼을 정의하기를 '실현'이라고 한 것이다. '외모'

나 '성격' 등이 '외적인 개별성'이라고 한다면 이러한 자아로서의 개별성은 '내적인 혹은 정신적인 개별성'이라고 할 수 있다.

이러한 나의 내적인 개별성은 정신적으로 내가 누구인가를 말해주는 '내적 동일성'을 형성하는 요소들이며, 이는 운명적으로 내가 누구인가를 규정해버리는 사회적 자아와는 다른 것이다. 내가 '한국사람 인 것', '경상도사람 인 것', '김씨 가문의 한 사람인 것', '남자인 것' 등은 나의 의지와 무관하게 운명적으로 주어진 것이겠지만, 내가 '민주주의자'이고 '유신론자이고', '철학을 좋아하는 사람이고', '예술을 사랑하는 사람인 것' 등은 모두 나의 사유의지에 의해서 선택한 것이다. 나를 정신적으로 혹은 내적으로 규정해주고 있는 이러한 나의 '내적인 동일성'은 절대적으로 나에게 달린 것이며, 그러기에 그 책임도 절대적으로 나에게 달린 것이다. 자신의 의지와 무관하게 부모들에 의해서 선택된 종교―가령 모태신앙―란 만일 내가 이러한 신앙에 나의 내적인 동의를 구하지 못하고 있다면 이는 여전히 일종의 사회적 자아의 한 부분이며, 나의 내적인 자아는 아니다. 그러기에 나의 내면적인 자아는 전적으로 나의 삶의 의미로서 주어진 것들이며, 나의 실존을 형성하는 것들이다. 키르케고르가 말하고 있는 절대자 앞의 단독자 개념은 사실상 이러한 '나의 내면적 자아의 순수성'과 다른 말이 아니다. 개별자로서의 자유를 통해서 선택한 '나인 것'이 염두에 두고 있는 것이 있다면 그것은 오직 '절대자' 뿐일 것이기 때문이다. 이러한 나의 '내적인 자기 동일성'은 하나의 세계이다. 이러한 내적인 세계, 정신적인 세계를 형성할 때 비로소 '인격(persona)'이라는 의미가 그 충만한 의미를 가지게 된다. 이 인격의 개념은 단순히 사고주체인 지성적인 개별자를 의미하는 것은 아니다. 자신의 기억 속에 정신적인 요소들을 질서지우고 재정립하면서 하나의 세계를 창조하는 그러한 자아이다. 이 내면세계의 중심이 무엇이 될 것인가는 그가 지니고 있는 가치관과 세계관에 따라 달라지겠지만, 그것이 무엇이든 이 중심을 통해서 모든 것이 질서를 가지게 되고 그것에 따라서 선택행위와 행동이 유발되는 '자립적인 자아'인 것이다. 바로 이 때문에 프랑스의 한 토미스트인 요셉 라삼(J. Rassam)은 이러한 인격적인 존재를 마치 자신만의 고유한 '본성(本性)'을 가진 존재로 표현하고 있다.

> 모든 개별적인 실체가 모두 인격체인 것은 아니다. 오직 완전하고 완성된 것으로서의 '그의 본성(sa nature)'을 소유한 것만이 인격체라고 말할 수 있다.
>
> (『토마스 아퀴나스 존재의 형이상학』)

자신의 본성을 소유한다는 표현은 사실상 어느 정도 은유적인 표현이다. 왜냐하면 '본성'이란 '본래 주어져 있는 특성'

을 말하는 것이지만, 나의 행위의 구심점이 되는 나의 내면적인 동일성은 어디까지나 나의 삶을 통해서 내가 형성한 것이기 때문이다. 하지만 아리스토텔레스가 '습관은 제2의 천성'이라고 말했듯이 나의 내적인 동일성은 일단 형성이 된 후부터는 본성과도 같이 나의 모든 행위를 결정하는 절대적인 지평이기 때문에 '또 다른 본성'이라고 할 만한 것이다. 즉 인간은 태어나면서부터 '인간본성'을 가지게 되지만, 개별자가 되면서 부터는 '개별적인 본성'을 가지게 된다고 말할 수가 있는 것이다. 바로 이것이 토마스가 '인간 안에 있는 인간성 이상의 것'을 통해서 말하자고 하는 것의 첫 번째 의미일 것이다. '자기세계', '내적인 동일성', '자기 본성'과 같은 용어들은 '철학함'이 지향하고 있는 궁극적인 목적이라고 할 수 있다. 이는 근대철학이 그토록 강조하던 '주체적인 삶'의 필요조건이며 동시에 충분조건이라고 할 수 있을 것이다. 확고한 내적인 자기동일성, 분명한 자기세계, 흔들리지 않는 자기본성을 형성한 사람에게는 더 이상 망설임이나 갈등, 핑계나 변명이 소용없을 것이기 때문이다. 이러한 사람이야 말로 본질적으로 선택의 갈등을 지닐 수밖에 없는 인간조건을 넘어선 '현자(賢者)'라고 할 수 있다. 어쩌면 니체가 바라마지 않던 '초인'이란 것도 이러한 '절대적인 자기 동일성'을 형성한 사람 외에 다른 사람이 아닐 것이다. 순수하게 철학적으로 보자면 이러한 사람들은 이미 '구원된 사람' 혹은 '해방된 사람'들이라고 할 수 있다.

하지만 이러한 구원은 엄밀한 의미에서 행위론적인 차원의 구원일 뿐이다. 인간조건을 넘어서 행위 할 수 있다고 해서, 인간성 자체가 바뀌지는 않을 것이기 때문이다. 즉 행위론적인 차원에서 문제가 해결되었다고 하더라도 여전히 존재론적인 차원에서는 문제의 인간일 수밖에 없는 것이 인간의 운명이다. 그렇다면 존재론적인 차원의 '문제적인 인간'이란 무엇이며, 구원은 어디서 올 것인가?

2. 인간은 왜 현실적인 것의 너머를 추구하는가?

실존주의에서 쉽게 볼 수 있듯이, 인간을 '문제의 존재'로 고려하는 이유는 어렵지 않게 이해될 수 있다. 우선 인간이 끊임없이 세계와 인간자신에 대해서 질문을 던진다는 그 사실로부터 인간을 문제로 이해할 수 있다. 즉 무언가 해결되지 않고 있다는 것이 문제인 것이다. 그리고 앞서 살펴보았듯이 갈등 중에 있다는 사실이 또한 문제인 것이다. 무언가 지향하고 있지만 지향점이 분명하지 않는 것도 역시 인간에게는 문제의 것으로 나타난다. 마찬가지로 지향점이 분명해도 도달하는 방법이 불확실 한 것이 또한 문제이다. 이렇게 어떤 관점에서 보자면 인간은 문제의 덩어리처럼 보인다. 바로 이러한 이유로 확고한 자기세계, 내적인 자기 동일성을 획득한 사람이라고 해도, 더 이상 갈등과 고민을 하지 않는 것은 아닐 것이다. 이러한 내적 동일성이 정신의 문제라면 인간의 근원적인 문제는 '존재론적인 문제'이기 때문이다. 그렇다면 이러한 존재론적인 차원의 문제는 왜, 어떻게 발생하는 것인가? 그 원인에 대해서 다양하게 논의를 전개해 볼 수 있겠지만 일반적으로 두 가지 차원에서 그 이유를 생각해 볼 수 있다. 하나는 인간실존의 '소통불가능성'에서 기인되며, 다른 하나는 '초월성에 대한 지향성'에서 그 원인을 찾아볼 수 있다. 그리고 역설적이게도 희망에 대한 논의가 발생하는 것은 바로 여기서이다.

실존주의자들이 인간의 실존의 성격에 대해서 다양하게 표현하고 있는데 그 중 가장 전형적인 것은 '고독한 실존'이라는 것이다. 루이라벨은 키에르케고르의 실존철학의 핵심을 "실존은 오직 개인에게만 속하는 것이라는 사실"과 "진리는 고독 중에 있는 자신에게 발견되었다는 사실"로 요약하고 있는데,[4] 실존철학에서 말하고 있는 '실존'이란 상황 중에 있는 한 개인의 전체적인 총체성을 말하는 것이며, 그러기에 실존은 그 자체 절대적인 개별자처럼 나타난다. 과정 중에 있으며 총체적인 지평에서 고려된 이 실존은 질서 지워지지 않는 혼

---

4 루이 라벨, 『자아와 그 운명』, 이명곤 옮김, 누멘, 2008, p.75.

란처럼 나타나며 비―체계적인 것으로 나타나며, 그러기에 이해 불가능한 것으로 나타난다. 따라서 한 개인의 실존에 대해서 이해한다는 것은 신이 아니고서는 불가능한 것이다. 이처럼 인간의 실존은 타자와의 소통 불가능한 것으로 나타나며, 고독한 것이다. 이러한 실존에 대한 고려는 내적인 자기동일성이 완전벽하게 형성된 인격에 있어서도 사정은 마찬가지다. 마치 자본주의의 세계관과 공산주의의 세계관이 충돌할 때 결코 진정한 교감이 불가능한 것처럼, 한 개인이 보다 자기완결성을 갖추어 갈수록 오히려 타자와의 교감이 그만큼 더 어려워지는 것이다. 즉 본질적으로 소우주인 각 개인은 마치 끊임없이 탄생하고 소멸하는 소우주처럼 그렇게 단절되어 있음에도 불구하고, 그럼에도 타자와의 교감과 소통은 인간의 본질적인 갈망이라는 데에 문제가 있다. 인간은 마치 그 자체 존재론적인 모순을 안고 있는 우주에서 유일한 존재처럼 보인다.

다른 하나는 초월성에 대한 갈망인데, 이 갈망은 한편으로는 마치 존재론적인 문제를 해결할 수 있는 열쇠처럼 주어져 있고 다른 한편으로는 인간의 능력이 미칠 수 없는 어떤 것에 대한 갈망으로서 인간성에 있어서는 어떤 한계상황을 야기하는 것으로 나타난다. 초월성에 대한 인간의 갈망은 플라톤 이후 철학사에서 끊임없이 해명되어온 주제이며, 또한 진정한 종교적 실존을 말하기 위해서는 '초월성'을 전제하지 않을 수 없다. 가장 쉽게 토미즘의 차원에서 초월성이 요청될 수밖에 없는 이유를 말하자면, 인간의 의식은 항상 '나 자신인 것'과 '되어져야할 나'를 대립시키고 있지만, 이 대립을 해소할 답은 '나 스스로로부터'는 주어지지 않는다는 데에 있다. 바로 여기에서 토미즘 특유의 '희망'에 대한 논의가 발생하는 것이다. 우선 희망에 대한 토마스 아퀴나스의 진술을 살펴보자.

> 희망(spes)의 대상은 미래의 어떤 선인데, 얻기 힘든 것이지만, 얻을 수 있는 것이다.
>
> (『신학대전』 II-II, q. 17, a. 1, ad resp.)

> 희망은 그 실체를 그의 근원적인 대상으로부터 수용한다. 이 근원적인 대상은 궁극적인 목적이다.
>
> (같은 책, a. 4, ad resp.)

우선 위 진술에서 우리가 생각할 수 있는 것은 '희망'이란 '미래의 얻기 힘든 선을 갈망하는 것'이라고 볼 수 있다. 여기서 우리는 어떤 것을 단순히 '원하는 것'과 '희망하는 것'의 차이를 생각해 볼 수 있다. '~을 원하다'와 '~을 희망하다'의 차이는 무엇일까? 그것은 '원하는 행위'는 나의 의지가 강하게 개입 되는 행위를 말하며, '희망하는 행위'에는 나의 의지가 개입되지 않거나 최소한 강하게 개입되지는 않는다. 즉 말하자면 원하는 행위는 나의 능력으로 무엇을 획득할 수 있다고 믿거나 최소한 나의 의지와 밀접한 관련이 있을 때 나의 의지를 표현하는 행위이며, 희망하는 행위는 나의 능력으로는 힘들거나 나의 능력을 넘어서는 어떤 것을 바랄 때 나의 '바람' 혹은 '기원'을 표현하는 행위이다. 따라서 본질적으로 우리자신의 의지를 넘어서는 어떤 '초월적인 것'에 대한 추구는 '원하는 것'이 아닌 '희망하는 것'으로 나타날 수밖에 없는 것이다. 물론 일상의 언어적 사용에서 이러한 분명한 구별이 지켜진다고는 볼 수가 없겠지만, 일반적으로 구별할 수 있는 경우의 예를 든다는 것은 어려운 것이 아니다. 가령 임신을 한 부부에게 '딸이기를 바라는지 아들이기를 바라는지'를 질문할 때 '~을 원합니까'라는 표현을 부적합하다. 왜냐하면 '아들인가', '딸인가'의 문제는 부모의 '의지'와는 무관하게 결정되기 때문이다. 이 경우 올바른 표현은 '바라다' 즉 '희망하다'는 용법이 적합한 것이다. 마찬가지로 불치병을 앓고 있는 환자의 경우 회복할 가능성이 전혀 없다고 판단할 때, '나는 낫기를 원한다'라고 말하지 않고 '나는 낫기를 희망한다'라고 말하는 것이다. 인간의 의지로 어찌할 수 없는 상황, 더 이상 '그 무엇을 원할 수 없는 상황' 즉 '절망적인 상황'에서 조차도 인간은 '그 무엇을 희망할 수' 있다. 바로 여기에 인간의 본질적인 한 특성 즉 초월적인 것을 지향하는 형이상학적인 특성이 드러나고 있다. 희망한다는 것은 본질적으로 자신의 모든 능력을 초월하는 것을 '갈망'하는 것이요, 모든 합리적인 상황을 넘어서는 어떤 것을 '기원'하는 행위이다. 이러한 '바람'이나 '기원'이 불합리한 것이라고 해서 인간은 포기하지 않는다. 왜냐하면 이러한 불합리하고 불가능한 것을 '갈망하도록' 그렇게 인간은 되어있기 때문이다. 즉 희망이라는 것은 인간영혼의 자연적인 한 능력이기 때문이다. 이를 다른 말로 하자면 토미즘에 있어서 인간의 영혼은 본질적으로 '초월적인 것'을 추구하는 지향성을 지니고 있다는 것이다. 결코 포기하지 않는 인간의 이상한 특성, 과학적으로 합리적으로 논리적으로 불가능한 상황에서 조차도 이를 수용하거나 인정하지 않고 무언가를 갈망하는 인간의 특성은 사실상 이러한 '초월성에 대한 지향성'의 무의식적인 표현이라고 할 수 있는 것이다. 물론 토마스 아퀴나스에게 있어서 이러한 초월성이 의미하는 궁극적인 목적은 '지복'이다. 즉 인간의 영혼이 희망이라는 특성을 지니는 것은 '궁극적인 목적'을 지향하는 '지향성'이 인간의 존재구조 그 자체에 기록되어 있다는 것을 의미한다. 보다 쉬운 표현으로 말하자면 인간은 궁극적인 목적을 지향하도록 창조되었다는 것이다. 아리스토텔레스가 말하고 있듯이 '행복'이란 본질적으로 목적론적인 계열 속에서 존재하는 것이다. 즉 우리가 하나의 작은 행복이라고 부르는 것은 궁극적으로 최종적인 행복과 연계되어 있다. 즉 행복의 목적계열에서 원인과 결과의 계열을 따라가다 보면 결국 최종적인 목적 '행복자체'를 지향하고 있음을 발견하게 된다. 결국 희망이 지향하는 최종 목적은 곧 '지복'이며, 최초의 희망도 사실은—유비적인 차원에서—지복에서 비롯되는 것이다.

하지만 이러한 도그마적인 논의를 넘어서 희망이 지니고 있는 인간실존의 특성을 현대적인 방식으로 해명해 보자. 희망의 실체가 근원적인 대상으로부터 수용된다는 이러한 명제를 현대적 의미로 해명한다는 것은 결국 토미즘의 존재론에 있어서 '지향성'의 형이상학적인 의미를 해명하는 것이 될 것이다. 일반적으로 사람들이 무엇을 '원한다'고 할 때는 분명한 대상이 있는 경우이다. 자신이 무엇을 원할지 알 수 없다면 우리는 '원할 수' 없을 것이다. 즉 '원하는 행위'란 의지가 추구해야할 분명한 대상이 있을 때만 실행되는 것이다. 하지만 희망의 경우는 이와 다르다. 토마스 아퀴나스는 "희망은 그 자체 하나의 덕(vertus)이다(『신학대전』, II-II, 문 17)"라고 하는데, 이는 말하자면 희망은 용기나 사려와 마찬가지로 습관에 의해 본성화된 '내적인 기질 혹은 속성'이라는 것이다. 즉 희망은 구체적인 대상이 없이도 존재할 수 있으며, 의지의 실행과 무관하게 나의 존재의 분위기 혹은 지향성처럼 나타나는 것이다. 만일 '희망이 지향하고 있는 것이 무엇인가'라는 질문에 굳이 대답을 하고자 한다면 이는 '좋은 것', '올바른 것', '선한 것', '참된 것' 등이 될 것이며, 보다 문학적인 표현으로는 '삶의 빛', '구원의 빛' 혹은 '행복의 빛'이라고 해야 할 것이다.

그런데 희망이 우리의 의지와 무관한 것 혹은 우리의 의지로만은 불가능한 어떤 것을 바라는 것이기에 이러한 '빛'은 '초월적인 빛' 혹은 '초월적인 것과 관련된 빛'이라고 해야 할 것이다. 이를 이해하기 위해서 다른 한 예를 들어보자. 내가 나의 힘으로는 혹은 인간의 힘으로는 어쩔 수 없는 한계상황에 처해 있다고 하자. 이 경우 그럼에도 불구하고 내가 '~을 희망한다'는 것은 이러한 한계상황이 결정적인 것은 아니며 하나의 출구를 지니고 있다는 것에 대해서 나 스스로 내밀한 확신을 가진다는 것이다. 만일 이러한 내적인 확신이 없다고 한다면 결코 희망할 수가 없을 것이다. 왜냐하면 이성적으로 불가능한 것에 대해서 무언가 기내를 거는 것 자체가 어리석은 것으로 여겨질 것이기 때문이다. 따라서 희망은 본질적으로 초월적인 어떤 것과의 관계성을 말하는 것이며, 이는 인간의 실존은 우리가 '지상의 삶'이라고 하는 것을 넘어서는 어떤 지평과 관계하고 있다는 것을 암시한다. 이러한 '초월적인 지평'은 자주 '저편세계'라고 표현되곤 했지만 사실 이는 정확한 표현은 아니다. 이를 보다 정확히 말하자면 인간의 정신이 본질적으로 하나의 '열려진 사유'를 지니고 있다는 것이며, 이 열려진 사유를 통해서 '알려지지 않은 영역'을 지향하고 있다는 것을 의미한다. 이 알려지지 않는 영역이란 구체적으로 무엇일까? 이는 죽음이후에 영혼이 나아가는 세계일 수도 있겠지만, 그것은 '지금 그리고 여기서' 우리의 정신이 관계를 맺고 있으며 또한 교감이 가능한 그러한 세계이다. 이는 어쩌면 '저편세계'가 아니라 가브리엘 마르셀이 『존재의 신비』에서 말하고 있는 '저편세계로 안내하는 길'을 의미하는 것일 것이다.

> 하나의 우정 혹은 자식의 관계조차도 사람들이 '지상의 지평(l'horizon terrestre)'이라고 부르는 것의 '저편(au delà)'에로 안내하는 길이 될 수 있다.
>
> (『존재의 신비』 제2권, 9장)

'저편세계'에로 안내 하는 길은 '안내하는 길'인만큼 저편세계는 아니다. 그렇다고 우리가 살고 있는 지상의 삶 그 자체도 아니다. 아마도 우리는 여기서 어떤 고차적인 삶의 한 형식이거나 이러한 삶으로부터 주어지는 우리의 정신세계라고 말할 수 있을 것이다. 이러한 고차적인 삶의 형식을 통상 사람들은 '영성적인 삶'이라고 부른다. 영성적인 삶이란 무엇인가? 이는 종교인, 신학자 등에 의해서 다양하게 표현되어 온 한마디로 규정하기는 힘든 어떤 삶이다. 아마도 이러한 영성적인 삶의 기원은 '이데아적인 삶'을 지향하는 인간의 영적인 삶이라는 플라톤의 철학에서 비롯되었다고 볼 수 있겠지만, 넓은 의미로 부처나 노자와 같은 종교적이고 초월적인 삶을 추구한 모든 곳에서 발견된다고 할 수 있을 것이다. 이러한 초월적인 삶에 대한 인간의 희망을 우리는 '초월적인 희망'이라고 부를 수 있을 것이다. 그리고 이러한 초월적인 삶을 지향하거나 향유하고 있는 삶을 '영성적인 삶'이라고 부를 것이다.

이 영성적인 삶은 본질적으로 '내적인 삶', '정신적인 삶'이라고 할 수 있다. 그의 내면세계에서 끊임없이 '이상적인 세계'를 형성하는 삶이며, '빛을 희구하는 삶'이며, '사랑과 용서' 그리고 '감사와 찬미' 등 현실적, 종교적 모든 '善'들이 충만한 그러한 삶이라고 할 수 있다. 이러한 영성적인 삶을 향유하는 이들에게 있어서 지상의 삶의 육체적인 조건들, 물리적인 조건들 그리고 사회경제적인 조건들은 다른 모든 이들과 동일하고 전혀 다를 바가 없다고 하여도 그의 내적인 세계, 정신의 세계는 완전히 다른 조건, 다른 지평에서 형성되고, 비록 그의 발은 지상을 거닐고 있지만 그의 영혼은 이미 '저편세계'로 안내하는 그 길을 걷고 있는 것이다. 그의 삶은 근본적으로 '희망' 특히 '초월적인 희망'이라는 하나의 분위기로 충만한 그러한 삶인 것이다. '무한에 대한 교감'을 희망하고, 완전한 정의와 완전한 행복을 희망하며, 불멸과 절대를 향한 실존적 지향이 이루어지는 곳이 바로 이러한 영성적인 삶을 영위하고 있는 이의 내면세계인 것이다. 만일 죽음에 대한 근심을 초월하고자 하는 인간의 이상이 가능한 곳이 있다면 바로 이러한 영성적인 삶에서 일 것이다. 이러한 영성적인 지평에서보자면 모든 것이 경제적인 가치기준과 기능적인 효율성으로 척도 되며, 모든 가치를 경제적인 가치로 환원하고자 하는 현대의 물질만능주의는 생물학적으로는 살아 있지만, 그러나 정신적으로는(영적으로는) 죽은 삶과 다른 것이 아닐 것이다.

철학적으로는 매우 모호한 용어이지만 그러나 달리 다른 용어를 사용할 수도 없는 '구원'이라는 말은 바로 이러한 삶에 적합한 용어이다. '저편세계'에로 인도하는 길에 들어선 사람은 이미 '저편세계'를 약속받은 이들이기 때문이다. 그것이 어떠한 언어로 어떠한 형식으로 표현되든 '구원'이라는 말이 의미가 있다고 한다면 그것은 '현재의 삶', '지상적인 삶'이 인간영혼의 궁극적인 갈망 즉 '초월적인 희망'에 응답을 할 수 없다는 것을 긍정하기 때문이다. 초월적인 희망에 응답하는 이러한 영성적인 삶은 단 한 번의 고백이나 회심으로 획득되는 것은 결코 아닐 것이다.

루이 라벨이 말하고 있듯이 이러한 영성적인 삶은 '내 실존의 진정한 의미'가 될 때에만 현실적인 것이 될 수 있을 것이며, 매순간 나의 삶의 가장 심오하고 가장 깊은 관심이 될 때에만 개화할 수 있는 그러한 삶이다. 토마스 아퀴나스는 "별로 힘들게 얻지 않은 것은 별로 중요한 것이 아니다. 따라서 지복을 얻는다는 것은 가장 힘든 것처럼 보인다(『신학대전』, II-II, 문 17)"라고 말하고 있다. 어떤 것이 나의 '실존의 의미'라는 것은 현실적으로 나에게 가장 소중한 어떤 것이라는 말이며, 이는 또한 힘들게 얻을 수밖에 없는 것이다. 가장 큰 행복은 가장 중요한 것이다. 인생의 궁극적인 목적이 곧 궁극적인 행복이라면 이 궁극적인 행복이 가장 중요하다는 것은 의심의 여지가 없다. 하지만 이와 동시에 또한 가장 힘든 것이라는 것을 의미하기도 한다. 목적지에 도달하는 것이 어렵다는 것은 사실 그 가는 길이 어렵다는 것을 의미한다. 그것이 보다 이상적인 것일수록 보다 소중한 것일수록 그리고 보다 아름다운 것일수록 그것을 얻는다는 것은 그 만큼 더 어려운 것이다. 하지만 그 어려움이 크다는 것은 그 만큼 그 행복도 크다는 것을 말해주고 있다 인간성을 완전히 상실하지 않는 한, 인간은 결코 희망을 잃을 수가 없을 것이다. 왜냐하면 이 희망은 그 자신보다 더 깊은 자신의 존재의 근원에서 솟아나고 있는 빛과도 같은 것이기 때문이다.

● 성녀 데레사의 법렬(엑스타즈) : 베르니니 作
아빌라의 데레사 성녀(1515~1582)는 가톨릭의 〈맨발의 가르멜 수도회〉 설립자
로서 소위 '엑스타즈(탈혼/법렬)'라 불리는 신적체험을 경험한 몇 안 되는 가톨릭
의 성인이다. 철학자 플로티노스가 일생동안 네 번의 '엑스타즈'를 경험하였다고
기록하고 있지만 그 체험에 대한 구체적인 기록들이 없는 데 비해 데레사 성녀
는 여러 가지 저술을 통해서 이와 관련된 기록들을 남기고 있다. 성녀는 오늘날
가톨릭 영성의 한 상징적인 인물로 평가되고 있으며, 초월성에 대한 일치의 상징
이 되고 있다.
사진은 이태리 조각가 베르니니의 조각 작품으로 법렬 중인 성녀 아빌라의 데레
사와 사랑의 상징인 '큐피터'가 신의 사랑을 상징하는 화살을 그녀의 심장에 겨냥
하고 있는 모습이다. 르네상스 시대의 탁월한 조각 작품 중의 하나로 손꼽힌다.

토마스 아퀴나스 연보

1225년	나폴리의 호카세카 성주인 아퀴노 백작의 막내로 출생
1230년(5세)	몬테 카시노의 베네딕도 수도원의 오블라로 생활
1239년(14세)	나폴리대학에서 수학
1244년(19세)	4월 도미니크 수도원에 입회
1244~1245년	아버지에 의해 호카세카성에 강제거주
1245년(20세)	파리 도미니크회 도착, 성 알베르트의 제자로 수학
1252년(27세)	파리대학에서 첫 강의 시작, 『존재와 본질』 저술
1254년(29세)	도미니크회의 스승칭호 수여(Magistro de l'O.P.)
1256년(31세)	파리대학 신학과 교수(Magistro de Tho.)
1259년(34세)	나폴리로 귀환, 『대–이교도대전』 저술 시작
1265년(40세)	로마에서 교수, 『신학대전 I』과 『진리론』 저술 시작
1267년(42세)	아리스토텔레스 『영혼론』 주석
1268년(43세)	파리로 귀한, 교수 및 『신학대전 II』와 『자연학 주석』
1270년(45세)	『신학대전 II-I』, 『진리론』 계속, 『형이상학 주석』 시작 파리교회로부터 '근본적인 아리스토텔레스주의'란 명목으로 '이교도 사상'으로 '단죄' 받음.
1271년(46세)	『신학대전 II-I』 완성, 『형이상학주석』 완성
1272년(47세)	나폴리에서 교수, 『신학대전 III』 저술 시작, 『니코마코스 윤리학』 주석
1273년(48세)	『신학대전 III』 완성, 『진리론』과 『정치학주석』 미완성
1274년(49세)	리옹 공의회에 참석하기 위한 여행 중 로마 남쪽의 포사노바에서 임종

1277년(사후3년)	파리교회와 영국 옥스퍼드교회로부터 재차 '단죄'
1284년(사후10년)	켄트베리의 프란치스코회 주교로부터 재차 '단죄'
1319년(사후45년)	나폴리에서 1차 시성(諡聖) 조사 시작
1321년(사후47년)	포사노바에서 2차 시성 조사 시작
1323년(사후49년)	교황 요한 22세에 의해 시성됨
1325년(사후51년)	파리교회부터 '단죄취소' 선포
1567년(사후293년)	교황 생-피에 5세로부터 '교회박사(Doctor ecclesiae)' 칭호 수여.